U0119454

溯

訪國姓

文・攝影／潘樵

博客思出版社

溯訪國姓

目錄

國姓鄉地圖一覽

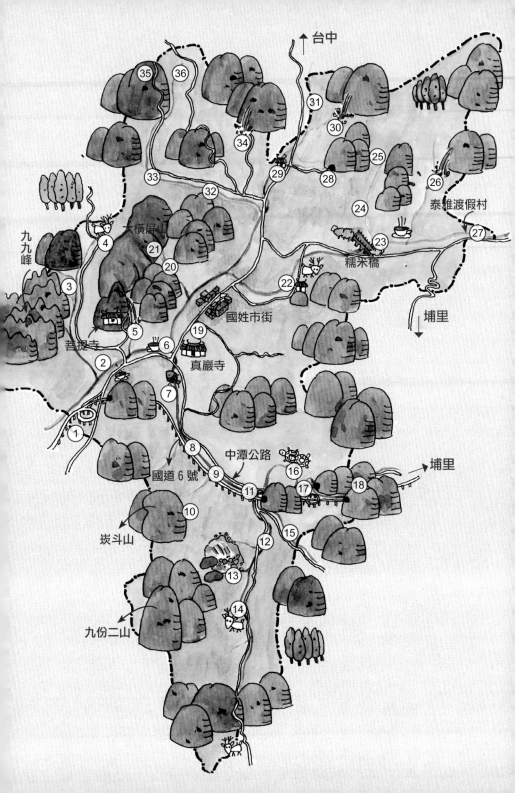

用文學形塑國姓

文◎王灝（知名詩人、畫家及作家）

　　展讀《溯訪國姓》這樣的一本書，首先映現在我腦際的是作者潘樵走踏在國姓的山林野徑或溯渡在南、北港溪的河濱水岸的身影。這是一本以鄉鎮爲主題的文學書，它有別於一般遊記的錄記，手法更不屬於一般文史或文獻資料的疊積，而是一本富含土地情感與生命的創作。

　　書中很多地景或地誌的描寫，都是透過文學的筆法來呈現，使得這樣的一本書兼具感性與知性的雙重意趣。國姓鄉是屬於客家人的聚落，也是目前台灣僅存的「水鹿的故鄉」，它更富含著山水之美，就因爲這樣的一個美麗豐富的內涵，讓它成爲了一個迷人動人的勝地，所以它是一個值得賞遊的山水故鄉。但是我一直認爲，再怎樣美麗的山水勝地、怎樣美麗的地景地貌，如果少了一份文學的陪襯烘托，都會讓人覺得似乎缺了一點什麼？從這樣的一個觀點來看，那麼《溯訪國姓》這樣的一本書，也就透顯出它的彌足珍貴，也讓我們深刻感佩現任國姓鄉長林福峯的用心，用這樣的一本書去成就另外的一種政績，那是別具意義的一件事情。

　　《溯訪國姓》這一本書，另外一個讓人覺得彌足珍貴的地方是，它可能是台灣眾多鄉鎮書寫中的濫觴，一般鄉鎮可能都專注於鄉鎮志的規畫與完成，而國姓鄉有別於其他鄉鎮的是，它在剛剛完成鄉志不久的同時，又隨即完成了《溯訪國姓》這樣的一本書，值得大家來

為之喝采。

這一本書是以國姓的溪流作為主軸，一路延伸而上來描寫，一共集結了三十六個篇章，其中有山脈、水系、村落、寺廟、水圳、隧道及橋樑都涵蓋到了，有些地方更是一般人所未曾知曉、未曾踏履之地，也都在作者筆下現形，讓人得以全觀點的看到了國姓鄉的景物風華與人文地景，其中更含帶著諸多土地的故事、山水的風情與產物的豐茂，這也是這一本書值得向大家推薦的諸多原因之一。

潘樵寫這樣的一本書，並不是憑空而來，更不是走馬看花似的在國姓走一走便能下筆成文的，在寫這本書之前，他是蓄積了多少時間和感情在國姓這塊土地上，在此之前，他和國姓作了許許多多的交集，他曾在國姓鄉的社區大學教授了多年的「國姓采風」，並協助國姓鄉眾多有志之士組成了「國姓鄉文史采風協會」，更應林福峯鄉長之邀，擔任了一年國姓鄉的駐鄉作家，綜合融匯了這麼多與長久的交集，累積了極為豐富的國姓經驗與情感之後，再下筆行文書寫出來的國姓文學書或是國姓風土書，其深入的力道，在行文用筆間，是我們展讀時最能感受出來的。

而國姓鄉長林福峯是責成這樣一本書最大的助力，諸如駐鄉作家的設立，也是由他所開的先河吧！過去我們都曾耳聞過有駐縣作家、駐校作家的事，但是把文學駐進鄉鎮的小區域之中，並透過作家的眼、作家的手來寫出鄉鎮的故事，用文采去與鄉鎮對話，用文學的筆去塑造鄉鎮的文化氣質，這可不是一般鄉鎮書寫或是在地書寫所可以相提並論的。

深耕地方，關愛國姓

林福峯（南投縣國姓鄉 鄉長）

　　民國 88 年，台灣中部發生規模 7.3 的 921 大地震，震央雖然在集集鎮，但是地震能量的爆破點卻在國姓鄉南港村的澀仔坑，因此造成國姓鄉災情十分慘重。地震後，國姓鄉得到來自各界的支援與協助，大家以不同的方式來幫忙國姓鄉走出地震的陰霾，如今十幾年過去了，至今仍然對國姓鄉持續關愛的團體或是個人，潘樵老師無疑是其中的一位。

　　地震前，潘樵老師在縣政府教育局的委託下，曾經針對國姓鄉進行過基礎的人文調查，於是地震後，當南投縣社區大學在國姓鄉開設分校時，潘樵老師之前的調查背景，讓他得以應邀前來開設「國姓采風班」，並開始帶領國姓鄉民重新認識自己的家鄉，結業後並鼓勵大家籌組文史采風協會，積極進行國姓鄉的人文調查及記錄，至今該協會已經陸續完成《斯土有情》《護國佑民》《國姓采風》《國姓地名初探》《客家與水鹿》《國姓報導百期合訂本》及《國姓照相簿》等書，成果相當豐碩。

　　十幾年來，「國姓鄉文史采風協會」的耕耘與成長，潘樵老師始終一路陪伴，既是指導老師也是協會的顧問，對於國姓鄉的付出是大家有目共睹的，而他本身對於國姓鄉的書寫記錄也未曾停歇，前不久，鄉公所在辦理鄉志的編撰計畫時，潘樵老師也是編撰團隊的成員之一，因此在國姓鄉內，經常可以看見他四處奔波的認真身影。

　　潘樵老師除了是知名的文史工作者，本身也是作家和畫家，曾經出版 50 幾本書，舉辦過 10 幾場的藝術個展，之前還曾經擔任埔里鎮立圖書館第一屆的駐館文學家，其中，《蛙現台灣》

一書還榮獲第35屆金鼎獎的肯定，是一位具有多方面才能的藝文創作者，因此為了借重他在這方面的專長，鄉公所於102年首開先例，特別敦聘潘樵老師來擔任國姓鄉首屆的駐鄉作家，除了表彰他對國姓鄉的貢獻，也期待他能為國姓鄉帶來可能的改變。

《溯訪國姓》一書是潘樵老師擔任駐鄉作家的創作成果，這一年來，他利用假日在國姓鄉內的大小溪流溯訪，從下游的烏溪走到上游的各支流，然後將溪流兩岸的美景寫下來，一併寫入書中的還有沿途的景點、物產與故事，因此《溯訪國姓》是一本結合冒險、生態與人文的著作，也是一本極為精彩的水文志書，而且透過他的文字與攝影，才讓我們訝然明白，原來國姓鄉的山水是如此地精彩與美麗，許多地方與故事都是過去未曾聽聞的，因此潘樵老師目前雖然定居埔里，但是有人說他「比國姓人還更瞭解國姓」，這點我深表認同。

國姓鄉目前是全台灣咖啡產量最高的鄉鎮，也是水鹿養殖最興盛的地方，另外，草莓、枇杷、香蕉、梅子、橄欖及苦茶等作物亦知名全省，而且國姓鄉還有獨一無二的鹿神祭與搶成功兩項民俗祭典活動，使得國姓鄉在產業和人文方面都極具特色，如今，透過潘樵老師的努力，更進一步將國姓鄉的好山好水彰顯出來，相信這對於國姓鄉未來的發展必然加分不少。

因此，在《溯訪國姓》一書即將付印的前夕書寫此序，一來是感謝潘樵老師這段時日的辛苦與奔波，二來則是感激他為國姓鄉所做的一切，因為透過這本書的發行，除了可以讓更多外人來瞭解國姓，同時還可以讓在地的民眾重新來認識自己的家鄉，那是一種宣傳、一種關愛，也是一種美好的分享。套一句潘樵老師常說的話：「身為國姓人，是一種驕傲，也是一種福報。」因此，就讓我們一起來閱讀國姓鄉的好山好水及精彩人文吧。

溯訪國姓，發現精彩

文◎潘樵

　　一直覺得，溪流是自然界中最動人的一種風景，它可以溫柔婉約，可以活潑輕唱，也可以澎湃激昂。從深山裏走出來，溪流總是以它一貫任性而且善變的姿態，在岩石縫，在枯木堆，也在雜草間流淌著，譁然的水聲讓山林不再安靜、讓飛鳥不再孤單，也讓野花鮮麗芬芳、讓濕苔綠意盎然，當然也包括讓人們驚豔滿滿。

　　可惜，人們總是習慣站在溪堤、橋樑或者岸邊的公路上去眺望溪流，隔著一段距離，我們通常只能看見溪流的形貌，或者看見水面泛著晨曦或夕陽的波光，我們是看不見水底的魚蝦，也看不見溪床上剛剛綻放的野花；隔著一段距離；我們根本就看不見溪流真實而且動人的面貌，就如同焦距不準的相片一般，我們只能看見漠愣愣的影像。

　　2012年年底，從國姓鄉林福峯鄉長的手中接下「第一屆駐鄉作家」的聘書之後，我便一直在思考，要如何透過書寫的方式來幫國姓鄉做點事情，之前寫過一些當地的景點，也寫過《國姓鄉志人物篇》，而且還曾經

出版《客家與水鹿》一書，所以接下來要寫什麼好呢？除了要記錄國姓鄉的精彩與美麗之外，最好還能夠帶動當地的繁榮，因此幾經思索，我最終決定要寫「溪流」，就從下游溯訪而上吧，一路介紹國姓鄉的好山好水，同時將沿途的人文、景點、故事及物產納入文中，於是《溯訪國姓》就在這樣的念頭下有了初步的構想。

接下來，我詳閱國姓鄉的地圖，先把鄉內的溪流名稱及分佈區域搞清楚，隨後利用假日到當地去溯訪溪流；首先，我從國姓鄉最下游的烏溪開始，然後按照當地的環境屬性，分別在不同的月份逐一去造訪，譬如九份二山與五棚坑因為當地遍植梅花，所以我必須在元月份就先去探訪；另外，上善瀑布及東坑瀑布等時雨瀑，都必須在大雨過後才有水流豐沛的樣貌，因此適合夏天造訪；而若干水流特別湍急的溪段，為了安全起見，我則必須避開雨季前往，因此在溯訪國姓的過程中，我並沒有逆著溪流走完全程，而是依照不同的季節與環境，然後分段去溯訪。

小時候，離家不遠的溪流是我們嬉玩的場所之一，在溪床上我們可以抓蝴蝶、摘野果、找鳥蛋、捕魚蝦，甚至是戲水、捉迷藏。在溪床上有許多迷人的野花，淺灘上的水窪裏則有蝌蚪蠕動著，更遠的地方還有水

鳥在搖頭晃尾，而一些造型怪異或者紋路特別的石頭，則靜靜地看著喧嘩的溪水從身旁流過，至於山風，它會帶來遠方山林的溫柔與溪水的清涼，讓人走在溪床上，心情也跟著舒涼起來。如果玩膩了，我們還可以溯溪而上，沿途或有激瀑讓我們探險，或有水潭供我們戲泳，也許在上游陰森的幽谷裏，還有一些駭人的傳說會從不安的心底蹦出來。

小時候，家鄉的溪流就是這樣，總是帶給我們滿滿的刺激與歡樂。而如今，在國姓鄉的溪床上溯訪，屬於童年時的若干回憶遂紛紛地浮湧心頭，那是一種美好的回味吧，因此在國姓溯訪的過程儘管並不輕鬆，甚至有些地方還充滿危險，但是我的心情卻始終是愉悅的，尤其是在途中發現一些特別奇美的風景時，情緒更是顯得歡然驚喜。

其實，要進行「溯訪國姓」這樣的寫作案，光憑我一個人的努力是不夠的，因為我畢竟不是在地人，很多偏僻與陌生的角落，還是得靠當地民眾的指引和協助，我才能夠平安順利地完成任務，因此《溯訪國姓》這本書的完成，在我背後其實還有許多人的關心與幫忙，譬如在國姓電信局服務的陳澤芳，因為工作的關係讓他對國姓鄉知之甚詳，因此一直是我常常去請益與打擾的對象之一。因此回顧擔任國姓鄉駐鄉作家的這一年間，我必須感謝很多人，包括林福峯鄉長、圖書館詹弘立館

長、國姓鄉采風協會的夥伴們以及若干的鄉民，謝謝大家。

國姓真的很美，特別是一些人跡罕至的荒山水澗，景色更是美得令人驚喜讚嘆，不過有許多地方未經開發，加上路況也不是很好，所以知道的人還不多，進而讓那些景點至今仍然保持著原始的風貌，從生態環保的角度來看，那是一件好事，但是如果從休閒觀光的立場來看，那就有點可惜了。畢竟國姓鄉近幾年來極力推展觀光，持續地舉辦鹿神祭、搶成功活動、咖啡文化節及草莓季等等，因此如果可以將鄉內若干自然景點做適度地開發與宣傳，對於國姓鄉的觀光發展應該會有正面的幫助吧。

所以，《溯訪國姓》這本書的完成，除了是我擔任國姓鄉第一屆駐鄉作家應有的責任，也期待這本書可以為國姓鄉帶來一些小改變，如果真能如此，那麼這一年來在國姓鄉的跋山涉水，其辛苦與汗水就不足掛齒了。

傳說中，龜精頭部被火炮摧毀所殘留的痕跡

溯訪就從
龜脖仔開始

安全等級：**安全**
注意事項：**無**

南投縣國姓鄉，一個以「國姓」為名的客家鄉鎮，在當地有一間以國姓爺為祭拜主神的護國宮，在國姓老街的入口豎立有一尊高大的鄭成功雕像，而每年歲末，地方上還會舉辦搶成功的活動，加上諸多相關的傳說，讓國姓鄉與鄭成功顯得密不可分，但是從歷史客觀的角度來看，鄭

成功並沒有機會可以造訪國姓，就連他的部眾是否有親臨國姓也都有所疑慮，然而歷史原本就充滿著若干的矛盾和爭議，因此如果將所謂的歷史暫時擱置，純粹就以當地民眾的情感及認知出發，我們寧可一廂情願地相信，鄭成功或是他的部眾確實曾經在國姓鄉留下一些足跡甚至是故事。

　　於是就在這樣的心態之下，當我們在一些文獻書籍上發現劉國軒曾經砲打烏龜精的記載時，不但不認為荒謬，而且還覺得十分有趣呢。劉國軒是鄭成功之子鄭經的部將，根據資料的描述，他曾經率領軍隊由台南一路北上，但是在大肚溪遭遇原住民的侵擾，原住民受挫之後逃進烏溪內山，劉國軒的軍隊則循溪追擊，但是就在途中卻遭遇濃霧阻礙，眼前是一大片的昏天暗地，而部隊通過之後清點兵力，結果竟是無故減損不少，後來經過查探，才發現當地有一山巒狀似烏龜，顯然是烏龜精食人所致，於是劉國軒便下令用火砲摧毀龜頭，之後軍隊遂能平安出入。

　　國姓鄉福龜村舊稱「龜仔頭」，便是因為上述的故事而來，而且遭火砲攻擊之後的烏龜精，聽說在當地還留下頸部的殘蹟，在《國姓地名初探》一書中也有這樣的記載：「龜

位於國姓與草屯交界的龜脖仔，國道6號從一旁的溪床經過。

龜脖仔旁的國姓交流道,景色十分壯觀。

脖仔就是烏龜的頸部,該地位於郡界之西面,位處烏溪
的邊緣,當地有一大石頭……」。根據地方的傳說及該
書的記載,龜脖仔的位置正好就在國姓鄉的西邊,如果
從烏溪的下游要溯訪而上,龜脖仔無疑是進入國姓鄉第
一個十分有趣的自然景點。

　　民國 102 年接任「國姓鄉駐鄉作家」的職務後,我
便打算要以溪流作為網絡,然後以文字為媒介,逐一地
將國姓鄉內的景點串連起來,因此從烏溪下游進入國姓
鄉,便成為我勢必要親臨的一段行程,而龜脖仔正好就
在溯訪國姓的入口處,因此冥冥之中成為我第一個要去
造訪的據點。大概知道龜脖仔的位置,但是我並沒有
真正去過,因此行前只好特別去詢問住在當地的朋友,
然而也得不到確切的指引,不過我並不擔心,只要龜脖
仔不是傳說、不是虛構的地點,我有把握一定可以找到
它。

元月初，一個陽光耀眼的假日午後，我從福龜村的北玄宮進入下方的溪床裏，當地是國姓鄉新興的觀光景點，稱為「橋聳雲天」，壯觀的景象曾入選台灣高快速公路新 8 景的第一名，因此國姓鄉公所在一旁的堤防邊豎立一面解說牌，其內容如下：「國道六號國姓交流道有四十五支墩柱，加上主線十支墩柱，平均高度達五十五公尺，最高的墩柱將近七十公尺，約有二十三層樓高。其他 7 景分別為國道五號坪林路段、國道三號高屏溪橋、國道三號碧潭橋、國道一號泰安路段、省道 64 線中和段、台 72 線礦村段以及國道三號西湖服務區。」

　　進入溪床之後，正好遇見兩位老夫妻在路旁種檸檬，我專程停下車來問路，因為在鄉下地方，路通常是長在嘴巴上，經驗告訴我，用問的往往比自己亂闖來得有效率。

　　「阿桑，請問一下，您知道龜脖仔要往那裡走嗎？」我問。

龜脬仔勞的烏溪，水流滾滾的景象。

「龜脖仔喔，順著前面的堤坊往左邊一直走，走到盡頭就會看到。」老先生回答。

「那裏有大石頭，很好找。」老太婆在一旁補充著。

於是就在那對老夫妻的熱心指引下，我十分順利地尋得龜脖仔，其實那是一處長條狀的河階台地，在國姓鄉的地圖上標誌為「龜脖仔坪」，四周為岩石地質，而前端邊緣則長著幾叢竹子、相思樹及雜木；從溪床上遙望，後方的山巒果然有像一隻烏龜，將長長的脖子伸入烏溪當中。儘管龜頭早已經不見了，但是能夠目睹龜脖仔從傳說中走出來，而且還活靈活現地呈現在我眼前，心情其實是有些激動的。

佇立在龜脖仔旁的溪床中，我知道，在很久很久以前，劉國軒與他的部將也可能站在同樣的地方，然而橫陳在他們眼前的卻是迷濛與險阻，因為前方有原住民的殺獵，而一旁則有烏龜精虎視眈眈，當時兵士們的惶恐不安是不難想像的。但是我不一樣，在耀眼的冬陽下，眼前的烏溪顯得清澈洶湧，而遼闊的溪床左側是綿延奇秀的九九峰，右邊則是充滿故事的龜脖仔及壯觀非常的國道景觀，至於烏溪的上游，迎接我的將會是國姓鄉精彩的人文和好山好水吧，因此我告訴自己，溯訪就從龜脖仔開始。

國姓鄉乾溝村小野柳的現貌。

驚喜，小野柳

安全等級：應小心
注意事項：大雨過後應避免前往

　　野柳位於新北市的萬里海濱，當地的岩石在海浪及風沙的長期侵襲下，呈現出鬼斧神工、千奇百怪的樣貌來，充滿著一種自然與迷人的魅力，因而成為北台灣一處知名的觀光景點。在台東富崗漁港北邊有一處海岸線，因為佈滿著各種奇岩怪石，與野柳的地形有幾分的相似，因而被

譽爲「小野柳」，也是當地知名的旅遊勝地；不過，小野柳顯然不是台東的專利，因爲在國姓鄉乾溝村的烏溪也有一處被稱爲「小野柳」的溪床。

　　早年，乾溝村小野柳的景色非常奇特，在溪床上佈滿著各種奇岩怪石，因此極具觀光的潛力，所以經常有遊客造訪，於是吸引業者在附近設立一處以「小野柳」爲名的遊樂區，顯見當年的盛況；但是後來，小野柳的地貌因爲水流的沖刷及自然的風化，形態逐漸失去當年的魅力，於是讓小野柳不再熱鬧如昔，甚至慢慢地被人們給淡忘，但是那處以「小野柳」爲名的遊樂區並沒有跟著消失，如今轉型以提供「住宿、露營」的方式繼續經營著，於是有意無意地爲乾溝村小野柳的過往風光留下見證。

烏溪平緩地流過小野柳的溪床。

很年輕的時候去過小野柳，當地的奇岩怪石讓我深感震撼，因而留下極為深刻的印象，但是當小野柳的熱潮退去之後，我就再也沒有造訪過當地，總覺得小野柳的景色就如同年輕的歲月一樣，一旦消逝就再也不會回頭，於是在一廂情願的潛意識裏，我總認為小野柳的風景已經變得普通、變得不值再訪。

民國 102 年的初春下午，我從福龜村的烏溪溪床往上溯訪，時值枯水期，因此佈滿著大小不一的卵石的溪床顯得更加寬廣；在溪床上往左張望，九九峰的綿延山頭是一幅百看不厭的風景，儘管山腳有大面積的崩塌現象，但是絲毫無損九九峰的精彩與迷人。而在溪床右側的台地上則是國姓鄉開發最早的福龜村，當地有北玄宮、傳統洗衣池及國姓驛站、咖啡文化館等景點，另外還有草莓、咖啡、枇杷及楊桃等豐富的物產，加上福龜是國道 6 號及省道台 14 線進出國姓的交通要道，因此深具觀光的優勢。

初春的烏溪，除了幾處地勢落差或是巨石擋道而讓水流顯得激動之外，一路往上，一旁的溪水總是一臉溫柔與平靜的模樣，因此讓人樂於親近。而不遠處，乾溪仔從左邊匯入，但是讓我訝異的是，溪床上竟然沒有水流，只有在接近烏溪的地方積著幾窪淺潭，十分勉

烏溪與乾溪仔匯流處已經乾涸，只剩一窪淺潭。

意外發現小野柳岩床上的湖光山色。

　　強地保留住溪流應有的樣子，不過卻也因為水流的枯
竭，讓溪床上的岩層完全裸露出來，於是呈現出崢嶸嶙
峋的面貌，就如同早年的小野柳一樣，讓人印象深刻。

　　過了乾溪仔之後，溪床左側有一大片的岩床，那是
過去小野柳最精彩的區域，如今因為風化及水流侵蝕等
因素，岩床早已經腐敗成一種頹廢狀，岩層表面甚至
還碎裂成細沙或是泥塊，完全失去了小野柳應有的架
勢與表情，而靠近烏溪的橫切面還有持續崩坍的現象，
屬於小野柳的毀敗顯然還在進行當中，然而儘管如此，
當我爬上那處岩床，眼前竟然是一窪不小的水潭，而且
水面還因為陽光的照射而閃閃爍亮；很久沒有下雨了，
岩床上的積水不但沒有枯竭，而且還鋪陳出一種類似湖
光山色般的景致來，讓人深感意外。

形似火山口的一處岩床及水池。　　　黃昏時，烏溪緩緩流過小野柳的景色。

　　除了意外其實還有驚喜，是的，是驚喜！因為在岩床靠近烏溪的邊緣，還有隆起如峰的地貌，而且下方還陷落成宛如盆地一般的地貌來，甚至還積著一潭水澈，那形貌像極了蓄水成湖的火山口，只是規模小很多罷了。原來！記憶中的小野柳並沒有完全消失，在物換星移當中仍然頑強地存在著，而且不在乎人們的關注與否，也不理會歲月風雨的百般侵襲，仍然在烏溪的溪床上兀自展現著巧奪天工的自然美景。

　　因為驚喜，讓我在那處岩床上逗留許久。午後的陽光除了讓岩床上的水面粼粼閃亮，也讓烏溪的景色顯得

清晰異常，於是佇立在岩床上，我看見烏溪的水流就從遠方的乾峰橋蜿蜒而來，兩岸的岩石雖然不再猙獰如昔，但是仍然有模有樣，因此讓當地的景色兼具陽剛與柔和之美；於是在午後怡人的涼風中，當地儘管早已失去當年壯麗的景色，但是一時之間，小野柳似乎又從我的記憶中活了過來。

從小野柳到乾峰橋之間，溪床的左側有一道高高的堤，堤內的岩床高高低低，而且呈現出橫向如山脈般的地勢來，不過岩層的表面風化十分嚴重，只留下一條一條如龍骨狀的岩脈，表面還呈現出鐵鏽的褐色，看來應該是質地較為堅硬的鐵丸石，那是國姓鄉很常見的一種石頭。除了高低起伏的岩脈，溪床上還有若干大石頭，那是被大水從上游給沖下來的吧，其中竟然還有一枚圓柱狀的巨大水泥塊，裸露的的鋼筋或彎曲或生鏽，看樣子應該是某座橋樑的橋柱，被洪水沖毀之後竟然滾到小野柳的溪床上，然後停佇成一種災難般的景象。

黃昏時，我離開溪床，然後爬上一旁的溪堤，這時，夕陽已經從九九峰的方向斜射而來，讓蜿蜒的烏溪染上一層柔美的亮采，於是在張望當中，我已看不清楚小野柳的岩床與頹敗，也看不見洪水留在當地的無情痕跡，因為隨著暮色的深濃，我只看見自己屬於小野柳的過往記憶。

遠眺牛洞指坑及九九峰。

國姓，九九峰

安全等級：應小心
注意事項：大雨過後應避免前往

　　在南投縣提及九九峰，一般人恐怕會直接與草屯鎮聯想在一起，其實，九九峰的範圍包括南投縣的草屯、國姓及台中市的霧峰、太平，在 921 地震後，由農委會林務局依照文化資產保存法成立「九九峰自然保留區」，作為學習研究與戶外教學之用，其面積廣達 1198.4466 公頃，屬於文化資產保存法中的「自然地景」，目前由林務局埔里

事業處第 8 － 13 與 15 － 20 林班所管轄。

根據文獻的記載，九九峰又稱火燄山或九十九尖峰；當地群峰競立，全境最高峰的海拔 779.4 公尺，是台灣少數擁有火炎山特殊地理環境的區域，與三義火炎山、六龜十八羅漢山並稱為「台灣三大火炎山地形」。

九九峰位於國姓鄉的西北區，地屬乾溝村的範圍，因此行經前往台中太平的 136 線時，一側是挺拔的大橫屏山脈，而另一邊，隔著乾溪仔的則是崢嶸的九九群峰。從九九群峰中有多條山澗流出，然後匯入乾溪仔中，包括仙洞指坑及牽牛坑等等，而這些山溝溪谷，大部份的時間是乾涸的，並且佈滿著大量的卵石，只有在雨季時才會有溪水奔流的景象出現，因此，乾溝村的地名也許就是因為這些「乾涸的山溝」而來吧。

路經乾溝村的義民祠，繼續往九九峰的方向前進，眼前是一條穿過乾溪仔的過水橋，水流會從橋下的涵洞流過，但是在經過幾次洪水的侵襲下，橋早已不成橋，因為兩側的護欄已經不見了，只留下幾根鋼筋及殘留的水泥塊，而且溪床目前也已經跟橋面同高，所以大水一來就毫不客氣地從橋面流過，於是「過水橋」變成了「水過橋」。

通過那座不成橋形的過水橋之後，循著山徑繼續

國姓鄉九九峰的局部景色。

深入，左邊就是仙洞指坑的溪谷，只是我萬萬沒有想到，當地的溪床竟然十分寬廣，氣勢遠遠比乾溪仔還要壯觀，與想像中的山溝水澗的樣貌全然不同，只可惜！在佈滿卵石的溪床上並沒有對等的洶湧水流，儘管溪谷的盡頭就是九九峰的崢嶸山景，但是少了水色的潤飾，讓仙洞指坑的景色顯得普普通通，就如同一旁的山徑一樣，沒有很遠的距離就此路不通了，因此讓我沒有辦法更進一步地接近九九峰，於是造訪仙洞指坑自然就少了一種發現的驚喜。

離開仙洞指坑，在 136 線的途中有一處聚落，名為半路店，從當地張望對岸的九九峰，由於群峰競秀加上距離很近，因此是國姓鄉觀賞九九峰美景最佳的地點之一，而且當地有一座橋樑、一條山徑，可以讓人輕易地走近九九峰，甚至是進入群峰並起的奇美風景當中；

前往牽牛坑途中的一間老房子。

乾溪仔難得一見的清澈水潭。 位於牽牛坑九九峰自然保留區的解說牌。

那是牽牛坑，一個既鄉土又迷人的地方。

9月初秋，山林間的白匏子已經紛紛地開出土黃色的花穗，讓原本濃綠的風景有了一些溫柔的改變，而這時，乾溪仔的水流不但還沒枯竭，而且還清澈非常。從半路店轉進牽牛坑，在路口有一間竹編土牆的平房，看來已經無人居住，而且顯得老舊不堪，彷彿隨時都會傾倒一樣，但是屋主卻在四周以木棍加以支撐，企圖要加以保留，那是一種念舊，也是一種對舊建築的細心呵護吧。

經過那間老平房，眼前的乾溪仔上方有一座峰竹橋，橋頭是一叢高大的刺竹，而橋下則是因為水流長期沖刷所形成的激流與水潭，與上下游佈滿卵石的溪床形成強烈的對比，因此讓我佇足良久，因為在記憶的深處，那樣的水潭總是連結著童年的歡樂與戲水的笑聲，因此在國姓鄉溯訪溪流的過程中，若干清澈見底的水潭

總是會讓我有股衝動，想要跳入潭中去戲水一番。

在橋的對岸有一條叉路，路口有一面「九九峰自然保護區」的解說牌，委身在一株荔枝樹下；另外，還有往右可以通往台中霧峰的指標，但是我選擇往左進入牽牛坑。當地有一條溪澗，澗旁還有一條狹窄的山路，大大方方地往九九群峰的方向延伸過去；我將車子停在坑口，然後從一座簡易的水泥橋下進入溪谷。

當天雲空亮麗，溪谷裏水流細緩，沒有人的牽牛坑顯得平靜無爭而且讓人樂於逗留，但是當我進入溪谷之後才訝然發現，兩旁的水泥邊坡及途中的攔沙壩處處可見遭大水沖毀的殘破痕跡，甚至還有巨木倒臥在溪床當中，顯得觸目驚心，因此不難想像，當颱風豪雨來襲時，牽牛坑恐怕一點也不迷人。不過在我造訪的當下，在堆滿石頭的溪床上，水流倒是清清淺淺地流竄著，完全嗅不到屬於災害的氣息。

由於九九峰就近在咫尺，因此沒有很遠的距離，我便抵達九九峰的山腳下，並且輕鬆愉快地仰望如筍一般的山巒，那真是令人滿心歡喜的風景啊！但是越接近上游，水流就越顯瘦弱，甚至乾脆隱而不見，只剩下石縫間依稀可以聽見的微弱水聲，於是在深入群峰之後，山溝已經完全乾涸，然而山巒依舊秀麗，雲空亮藍非常，絲毫無損九九峰的風采，所以在牽牛坑，我不但見識到大自然反撲的力量，也近距離地目睹屬於國姓鄉九九峰的迷人景致。

牽牛坑迷人的山水景色。

在清景橋上眺望鹿仔食水的溪谷景色

136 線鹿仔食水

安全等級：**安全**
注意事項：雨季應避免進入溪谷

　　136 線是國姓鄉通往台中太平的一條山間道路，大約建於民國 53 年，但是剛開始只是一條狹窄的產業道路，而且路面崎嶇不平，直到民國 70 年才拓寬成如今的面貌，雖然 136 線是國姓鄉要通往台中的道路之一，但是與中潭

土地公伯測速中的警告牌，令人莞爾一笑。　　豬頭盤位於 136 線的最高點，是國姓與台中的分界點。

公路相比較，人車明顯稀少許多，因此使得當地的環境顯得寧靜而且優美。

　　從福龜村經過乾峰橋之後左轉便是 136 線，在公路的西側有一條溪流，但是除了雨季之外，大部份的時間都是乾涸的，包括其支流仙洞指坑及牽牛坑等等，也都是一臉枯乾的模樣，欠缺一種動人的表情。春天的時候我就曾經造訪過當地，但是當時，溪床上只有大大小小灰褐的石頭，沒有水流的滋潤，景色實在不怎麼好看，因此，該溪流被稱爲「乾溪仔」，其實一點也不讓人意外。

　　9 月夏末，之前幾次的颱風大雨，讓 136 線旁的乾溪仔不再乾涸如昔，儘管水流的聲勢仍然不大，但是總算聊勝於無，加上附近的山林間多了一叢一叢台灣欒樹的黃花，讓當地的景色一時之間增色不少，於是循著 136 線前往鹿仔食水，我的心情就如同當下亮藍的雲空一樣，有一種秋天的舒坦和愉悅。

　　途中經過乾溝村第 5 鄰的時候，路旁有一間紅色鐵

位於清景橋頭鹿食水的路標。

皮構築的土地公廟，廟內安奉著一枚大石頭，據說靈驗非常，而且有趣的是，在接近土地公廟的公路兩端，分別豎立一面警告標示，內容如下：「土地公伯在測速，請注意拜神的行人。」哈哈哈！眞是有創意，只是不知道如果有人不守規矩，依然在當地超速開車，土地公會不會寄罰單給他？或者是藉由託夢來責罵對方？不過可以肯定的是，路過的人車如果看見那樣的牌子，一定會印象深刻、一定會莞爾一笑吧。

豬頭盤位於 136 線道路的最高點，也是國姓與台中的分界點，根據資料的記載，豬頭盤屬於乾峰村的第 2 鄰，當地是因爲地形酷似豬頭狀而得名。由於位處兩地最高的分界點，因此自然也成爲溪流的分水嶺，於是在豬頭盤下方的鹿仔食水便成爲乾溪仔的水源頭。根據國姓鄉文史采風協會所出版的《國姓地名初探》書中的記載：「鹿仔食水位於清景橋北方，屬第 3 鄰，因野鹿常至此喝水，故名。當地另有一名稱爲水景頭，景之原字應爲梘，指竹製之輸水管，而此處即竹製水管之接水源頭處。」

循著 136 線一路深入，在清景橋頭右側有一條叉路，路口豎立著一面往鹿仔食水的地標，爬升而上，山林間散落著幾戶民宅，而後方更高處則是拔地而起的大橫屏山，抬頭仰望，垂直的山勢壯闊非常，同時也給人一種心生擔憂的壓迫感。而左側則有一道淙淙作響的水澗，但是山谷裏佈滿著巨石，而石縫間還長著各種野草雜木，於是水流只能偷偷摸摸地在底下流竄，因而形成一種蠻山荒林的原始景象，僻靜得很，難怪在很早以前，野鹿會選擇在那種地方飲水、歇息。

在山路旁，我發現有兩輛殘破的車輛，被廢棄在林蔭底下，就如同當地四處可見的巨石一樣，儘管醒目，但是卻沉默無語，而且靜靜地融入山林當中，成為鹿仔食水風景的一部份，其中有一輛沒有車窗玻璃的車內，甚至還爬滿著濕綠的苔蘚，於是在張望中，讓我留下極為深刻的印象。

在鹿仔食水，其實並不單單只有一道水澗，在山林間還有不少水流或從山壁沖下、或在岩間流淌，然後慢慢地匯流而出，最終在清景橋下營造出屬於溪流比較迷人的風情來，包括短瀑、激流與水潭，於是佇立在清景橋上往下

在鹿仔食水到處可見這樣的涓涓細流。

鳥瞰，我輕易地就可以看見鹿仔食水動人的一面。但是橋面與溪谷的落差頗深，加上沒有梯道或是小徑可以下探溯訪，因此對於鹿仔食水，我除了張望之外，似乎也只能想像。

在想像中，很久以前的鹿仔食水應該是谷深幽靜、水流不歇吧，於是在黃昏的時候，若干水鹿與其他的野生動物遂會回到溪谷裏歇息，那景象應該是和樂融洽的吧，但是後來，因為人類的步步逼近，也因為環境的劇烈改變，讓鹿仔食水不再安全無慮，於是水鹿離開了，其他的動物也紛紛走避，使得鹿仔食水成為巨石盤據與水澗四竄的地方；因此，沒有水鹿的鹿仔食水就如同沒有水流的乾溪仔一樣，讓人覺得有些無奈又無言。

一輛廢棄的車輛，慢慢地成為營地風景的一部份。

一隻水鶇停歇在巨石上。

清涼山，瀑布

安全等級：**應小心**
注意事項：**雨季應避免前往**

　　山谷裏安靜著，靜得連山風都沒有，清澈的水流也只是緩緩地流淌，完全不敢大肆洶湧，彷彿稍不留意就會嚇跑停歇在遠處巨石上的水鶇一樣，於是我的氣喘噓噓遂成為山谷裏唯一的喧嚷。

很久以前就聽人提起，在國姓鄉乾溝村的清涼山上有瀑布，但是始終沒有機會能夠前往一探，於是在心底徒留許多的嚮往與想像。民國 101 年的年底，我終於在當地村民的告知之下，得知前往瀑布的路徑與方位，於是事不宜遲，民國 102 年的年初，我便迫不及待地前往清涼山尋瀑。

那是一個寒流即將來臨的上午，天氣意外地晴朗，亮麗的天空也蔚藍得很不像話，一點冬天的感覺也沒有；要不是山林間黃葉處處、要不是溪谷裏水流緩緩、要不是幽暗處陰涼滿滿，當下的清涼山根本就是初夏的模樣。

穿過清涼山下方的聚落，循著產業道路往上，我首先轉往途中的菩提寺去禮佛，是禮貌也是爲了祈求平安吧；菩提寺金黃色的外貌在山林間顯得十分醒目，尤其在耀眼的陽光下，因而呈現出一種既莊嚴又燦爛的輝煌來。根據資料的記載，早在日治大正 14 年（西元 1925年），就有來自新竹頭份的劉春鵬居士在當地開山，初

金碧輝煌的菩提寺在山林間顯得十分醒目。

名為「奉善堂」。民國55年，劉居士往生，由其子本覺法師接任住持，並改堂號為「清涼山菩提寺」至今，是國姓鄉內十分知名的佛寺之一。

　　離開菩提寺，繼續往鹹菜甕的方向一路盤昇，沒有很遠的距離，左側的山谷裏有一條水澗淺淺地流出，山谷的盡頭便是我即將要去探訪的目的地。將車子停在路旁一塊小空地上，然後換上雨鞋、戴著帽子、揹起背包，我就像一位即將要去遠足的孩子般，顯得有點興奮又有點期待。

　　剛進入溪谷，儘管眼前的水流清清淺淺，但是如果直接涉水而過，恐怕還是會淹過長筒的雨鞋，我還不想那麼快就讓雙腳泡在水中，於是左右張望中，果然在右側的岩壁上望見一道不太清楚的路痕，於是拉著岩壁上的植物莖葉，我小心翼翼而且順利地進入溪谷。一開始，溪谷中有許多交錯的水管，或跨越上空，或攀附岩壁，形成不太漂亮的畫面，但是想到那些水管是山腳下村民的生活引用水，心情也就無所謂了。在台灣還有許多地方由於缺乏自來水，民眾自行接引水源來使用是司空見慣的事，那是一種對現實環境的無奈，也是一種對生活的妥協吧。

　　溪谷裏安靜著，冬天的水流也不見洶湧，加上陽光被兩側崖壁上的林樹給遮蔽，使得谷底十分陰涼，因此一路走來輕鬆愉悅，

溪谷中佈滿許多水管。

就像那隻在途中巧遇的水鴨一樣，在溪石間輕跳或飛翔，模樣十分自在，但是越是深入，巨石擋道或是土石崩塌的情形就處處可見了，迫使得我必須不斷地繞道或是攀岩，才能繼續前進。

溪谷中短瀑與淺潭處處，形成一種阻礙

　　途中，有一處地勢明顯落差的岩盤，讓溪水因為陡落而形成短瀑，同時在下方還積水成潭，儘管冬天水流不大，但是仍然形成一種阻隔，而兩邊的岩壁更是險峻難以攀登，因此幾經考慮，我還是決定要涉水攀岩，因為視線越過岩盤，我已經看見不遠處的山壁上掛著一道高高的水瀑。

　　年輕的時候，經常在故鄉近郊的山林間尋幽探訪，也曾經多次為了傳說中的美景而冒險渡潭或是攀岩，因此眼前的淺潭及岩塊實在不算什麼，但是我忘了年輕已經離我好遠，因此為了爬上那處短瀑，我不但手腳並用、浸濕半身，而且還搞得自己氣喘噓噓、疲憊不堪，幸好當下是冬天枯水期，若是在雨季造訪，恐怕我就得在那處短瀑前受阻而返了。

即便是枯冬時分，水瀑仍然有模有樣。

　　爬上那處短瀑之後略作休息，我才繼續趕路，其實接下來還有多處巨石擋道的情形，但是相較之下已不成

威脅，因此我很快地就抵達瀑布下方。而這時候，時間已經接近中午，陽光正大大方方地射進谷底，並且還在瀑布下方形成一道彩虹，乍然發現時，自己原本就已經歡然的心情是更加的驚喜，於是一路的辛苦在尋得瀑布的當下，就如同谷底原本的陰涼一樣，早已消失得無影無蹤。

瀑布頗高，即便是枯水期仍有相當的聲勢，因此不難想像，在夏天時當地一定非常壯觀。瀑布下方的兩側岩壁有被水流長期沖蝕的痕跡，因此形成拱壺狀，但是瀑布下方除了水潭之外還堆滿著大小不一的石頭，應該是從瀑布上方沖落下來的，於是擋住了兩側岩壁可能的壯麗與奇美，讓人覺得有點可惜。我在瀑布下方逗留了一會兒，觀瀑聽泉、歇息放鬆，而且還享受了冬陽的溫暖，然後才心滿意足地離開。

離開瀑布之後，我繼續轉往附近的另一條山溪，因為當地的村民告訴我，清涼山有大小兩瀑，我已尋得的是大瀑，而小瀑則在附近，然而深入探訪之後才發現，原來大瀑的水流從山谷裏匯入那條山溪之後，就在下游不遠處的地方垂直陡落，而且深不見底，即便是站在山路旁也無法窺其樣貌，因此根本就無法接近，然而我還是不死心，小心翼翼地深入山溪當中，然後從瀑布的頂端往下觀看拍照，彷彿沒有如此冒險，清涼山的尋瀑就會有所遺憾。

巨石下方便是深不見底的深谷與清涼山小瀑。

清涼山，瀑布

41

矗立在烏溪旁的水文站，遠方即是國姓橋與真巌寺。

咖啡，佛寺，雙溪嘴

安全等級：**安全**
注意事項：**雨季應避免進入溪床**

　　循著烏溪一路深入溯行，經過龜溝之後，台14線公路就從右側的山腰上穿過，途中有兩座隧道，分別是雙福隧道與柑林隧道，而在柑林隧道臨溪的地方有一處被稱為「猴仔放屎」的崖壁，據說早年當地的野猴頗多，經常會聚在崖壁上戲耍或歇息，於是下方的溪床上遂有大量的猴屎而

得名，那眞是一個既粗俗又有趣的地方啊。

　　通過猴仔放屎，在右側的岩床上有一間水文站，那是烏溪流域七處水文站之一，圓柱狀的簡單造型在水流不歇的烏溪畔顯得十分醒目，然而隨著時代的進步與科技的發達，如今水文站的功能似乎已經不存在了，於是只能在烏溪的溪床中矗立成一種孤獨的身影，甚至成爲一種古蹟。

　　在水文站旁的上方有一間土地公廟，廟旁原有兩間咖啡館，但目前僅存鐵帽咖啡還在經營。在過去，中潭公路國姓鄉段分別有惠蓀山頂咖啡、鐵帽咖啡、甜蜜屋咖啡及紅橋左岸咖啡等等，但是隨著國道6號的開通，也隨著中潭公路人車的減少吧，使得公路兩旁的咖啡館陸陸續續地歇業，雖然國姓鄉的咖啡產量近年來已高居全台之冠，但是平時對外營業的咖啡館其實還不太多，尤其是在中潭公路上，所以路過的遊客並不容易感受得

坐在鐵帽咖啡的露天平台上，可以眺望一旁的溪景。

到屬於咖啡原鄉的氛圍，因此，鐵帽咖啡的存在遂顯得份外難得。

鐵帽咖啡就在柑仔林加油站旁，該建築原本是早期烏溪泛舟的收費亭，經過改造，如今已搖身一變成為國姓鄉極具特色的咖啡館，也成為中潭公路上一處另類的風景。由木頭、磚塊與鐵所拼裝建構的外表，清楚地呈現出一種頹廢的裝置風格；老闆余聲添在其親切風趣的外表下，也給人一種鮮明的藝術特質，店裏店外隨處可見他恣意的塗繪與鐵雕，包括桌椅、燈具與招牌等等，也都出自於老闆的創作，於是營造出一種粗獷豪邁與隨意不拘的迷人空間。

咖啡館內的擺設是屬於隨性與簡約的那種，甚至在臨溪的方向根本就沒有牆壁與窗戶，於是在半開放的咖啡館裏，山風可以吹來，水聲可以傳盪，甚至陽光與雨水也可以恣意造訪，於是客人在那裡喝咖啡，可以跟老闆閒聊，可以張望下方的溪景，甚至還可以看見自己開適的心情。

目前，不管是從台 14 線或是國道 6 號要進入國姓鄉，福龜村都是遊客會最先抵達的地方，因而成為出入國姓最主要的門戶。至於位處鐵帽咖啡不遠處的國姓橋，則是另一個交通的要道，因為往北過了國姓橋便是國姓市街，並且可以通往北國姓的其他村落，所以坐落在國姓橋頭的真嚴寺遂成為當地一處重要的地標，因為看見真嚴寺就表示國姓街快到了。

鐵帽咖啡極具特色的招牌。

真巖寺前鐫有劉國軒詩句的方石。

　　真巖寺是由已故的釋正緣法師所開創，於民國48年開始進行廟寺之建設，經過數年的努力，才完成如今宏偉壯觀的大殿建築，之後又陸續完成五觀堂、極樂院、大悲樓、六角涼亭、白衣觀世音菩薩聖像以及鐘鼓樓等硬體設施，讓真巖寺除了是國姓橋頭十分醒目的地標，也是當地十分重要的佛門名剎。

　　在真巖寺的前方，正好是南港溪與北港溪的匯流處，當地民眾稱為「雙溪嘴」，佇立在寺前的台地上或是鐵帽咖啡館裏，都可以眺望雙溪匯合的山水風光，景色十分迷人。根據當地的傳說，早年鄭經的左武衛劉國軒率兵進入國姓時，曾經留下一塊石碑，上面題寫：「舉望華山貴尊嚴，華山何事隔深淵。左倉右庫掌屏上，南港北溪會案前。湖海星辰來拱照，關龍交鎖去之玄。三千雲帶堂環照，八百煙花列兩邊。斯是王侯將相

地，一脈無遷敢未然。可惜生番雄霸據，留將此地待時賢。」詩句的內容便是描寫雙溪嘴當地的風水地理，但是很可惜，詩碑的下落後來不知去向，於是寺方為了要讓後人明白這段過往，便在寺前的池邊豎立一枚方石，並鐫上劉國軒的詩句，於是成為一種珍貴的歷史見證，是造訪真嚴寺時不能錯過的地方。

順著烏溪溯訪而上，到了國姓橋與雙溪嘴的地方，溪流也跟著公路分道揚鑣，直行是南港溪的流域，主要的支流有苦坑、北山坑、生番頭溪及種瓜溪等等，至於左轉則是北港溪、水長流溪及水流東溪等，儘管溪流的名稱不同，沿途的風景也互異，但是一樣的是，我在溯訪時充滿好奇與期待的心情。

南港溪與北港溪在真嚴寺前匯流的景象。

寧靜清幽的柑林社區

草魚潭與福龜圳

安全等級：**安全**
注意事項：**無**

　　讀高中的時候在外地求學，每到假日我便會搭乘客運車返鄉，當車子經過雙冬、福龜、龜溝之後，再穿越隧道，接著便會在國姓橋頭靠站，那是一處大站，住在國姓街上及柑子林的乘客都會在那裏下車，於是一下子，車廂便顯得不再擁擠，而一路站立的乘客這時通常也可以找到位置歇坐下來，然後讓車子悠悠然地往埔里繼續前進。

　　過了國姓橋頭，下一站則是育樂國小與柑林社區，那是一處位於溪岸邊的小聚落，山腳下有十來戶住家，而山頂上則是育樂國小，一直很喜歡那裏純樸寧靜的氣氛，因此每當客運車路過當地，我總喜歡隔著車窗去張望，看看兩旁的山林、溪谷、房舍，甚至是剛剛下車的村民們，那是當年在返鄉途中一種有趣的觀察吧。於是就在那種張望的過程中，我看見社區下方的溪床中有一枚巨石及一泓水潭，那是草魚潭。

　　其實草魚潭並不是潭，那只是一處溪流較寬、較深的水域，可能是受到溪床上那枚巨石的影響吧，導致南港溪的水流在那裡不斷地激烈沖漩，於是慢慢地將溪床拓寬、淘深，於是有意無意地形成了水潭的模樣，後來有村民常常在那裡捕捉到碩大的草魚，於是便將那處水域稱之為草魚潭至今。

南港溪中的草魚潭與一旁的巨石。

柑林社區旁，到處可見山棕
的身影。

　　從客運車站牌旁有一條小路可以進入溪床，暮春四月，在一個安靜的午後，我獨自一人進入溪床，這些日子持續的濕雨讓溪床上的野草得以恣意生長，甚至還有灌木從石縫間竄出，加上黑眶蟾蜍的幼蛙在腳邊四處跳竄，讓當地的溪床顯得生機盎然。往上游走去，那枚巨石就在不遠的地方矗立著，而巨石旁的水域依然有水潭的模樣；如今，不見捕捉草魚的村民，取而代之的則是在岸邊垂釣的若干釣客，但是不管時空與環境如何改變，關於草魚潭的那則傳說依然荒誕而且有趣地流傳著。

　　在傳說中，草魚潭裏有一處地穴，每到深夜它就會裂開，然後不停地噴出水泉來；同一時間，還會有一隻燦爛奪目的金牛會從湧泉中奔出，然後竄進夜色深濃的山林間去覓食；等天色將亮時，金牛才會回到草魚潭並躲進地穴中。有一年，村子裏有一位放牛的孩童，一大早將牛隻趕往溪床去吃草，於是意外地發現金牛跳入水潭的情景，一時之間他以為自己眼花，但是日復一日，那隻耀眼的金牛始終會在天色將亮之際準時地跳入水

中，於是躲在草叢中等待金牛現身，便成為那名牧童每天最期待的一件事。

但是時間一久，牧童除了等待，他也興起了想要捕抓金牛的念頭，他心裏想，如果可以騎著金牛回家，那一定會非常的風光，甚至還可以得到家人大大的獎賞，於是他在潭邊安置陷井、準備粗繩，打算要將金牛抓回家，但是他的舉動不但沒有成功，而且還驚嚇了對方，於是從此之後，金牛就再也沒有現身，於是留下令人無限遺憾的結局。

雖然金牛的傳說顯得荒誕而不可信，但是卻讓草魚潭因此增添不少動人的元素，因此年輕的時候搭客運車經過當地，望著波光粼粼的那泓水面，我總會在內心暗自期待著，期待在一眨眼間，會有金牛從水面倏然竄出，儘管期待始終落空，但是那處山村、那窪水色，在那樣的期待中自然多了一些靈性、一些魅力。

四月，因為這些日子的濕雨不斷，讓草魚潭的溪水顯得洶湧許多，與兩旁的岩壁相呼應著，營造出一種磅礡與雄偉的氣勢來，不過一旁的山村依舊是安安靜靜的表情，對於路過人車的喧嚷、對於溪水的不停叫囂，始終保持一臉事不關己的模樣，而唯一的不同，大概就是四月的空氣中多了山棕濃烈的香氣，那是屬於山林特有的味道，於是抬頭張望，果然在山村的附近發現許多山棕的蹤影。

在草魚潭的南岸，有一條圳溝沿著山腳通過，那是福龜圳，全長 5960 公尺，早年由東勢的張傳古所建造，用以灌溉福龜一帶 105 公頃的田地，其圳頭就在草魚潭上游幾百公尺的地方，於是我順著溪床繼續上訪。

福龜圳的取水口，一旁立有一面解說牌。　福龜圳口旁的南港溪，有一道方石排列如豆腐般的攔沙壩。

　　在福龜圳的引水閘門處，溪床上橫著一條人工的攔水壩，然而可能是因為沙石的不斷沉積已經失去功能，如今只留下一段因為地勢落差所形成的小激流，以及被沙石沖刷得不再完整的水泥塊，於是在閘門上游的溪床上新建了一條水泥溝渠，往上延伸百餘公尺，然後將南港溪的水流源源不絕地引進福龜圳中，看來，水泥溝渠的盡頭才是福龜圳真正的進水口啊。

　　在閘門旁，水利會豎立一面解說牌，清楚地說明福龜圳的地理環境及由來，一旁有一條山路可以通往昌榮巷，當地有一間清福村民宿，環境清幽、視野良好，曾經跟國姓文史采風協會的友人在那裡開過會、用過餐，是一間相當優質的民宿餐廳。

　　昌榮巷其實是一條山間的產業道路，兩旁有若干零星的住家，我從福龜圳頭爬上昌榮巷，然後再慢慢地走回柑林社區，途中經過柑林橋時，發現橋頭有一大叢山棕，於是通過時鼻息之間盡是濃烈的花香，那是屬於草魚潭四月的回憶之一吧。

跨越在南港溪上的昌榮鐵橋，紅色的橋身十分顯眼

仲夏，昌榮橋

安全等級：**安全**
注意事項：**不建議進入溪床**

　　行經台 14 線中潭公路國姓段時，位於柑林村與大石村交界處的昌榮橋，紅色的拱狀橋身很難讓人視而不見，加上兩岸綠樹鬱鬱、橋下水流激昂，讓當地的景色顯得既招搖又迷人，因此在 6 月仲夏，當公路旁的阿勃勒與大花紫薇分別開出鮮黃與殷紅的花朵時，我特地前往昌榮橋造訪，既是訪溪又賞花。

在國姓鄉文史采風協會所出版的《國姓地名初探》一書中，有一篇關於打煎與昌榮橋的文字，所謂「打煎」是客語，意指休息，因為當地是早期挑夫歇腳之處，曾經有打鐵店、糖廍及販仔間，曾經繁華一時，但是後來因為台14線已開通，使得打煎的交通地位不再重要，於是出入當地的兩座吊橋遂因為年久失修而放任腐敗，但是如此一來，當地居民的出入便顯得十分不方便，為此，當地保正戴榮山與地方仕紳向日方提出造橋的申請，得到允許之後遂開始募款建造吊橋，並於日治昭和16年〈西元1941元〉完成，一開始取名為「合汗橋」，但是日方對橋名有意見，於是只好改取土地提供者巫永昌的「昌」字，加上保正戴榮山的「榮」字，合稱為昌榮橋至今。

昌榮吊橋於民國48年曾遭八七水災的大水毀損，但同年12月即修護完成，後來直到民國69年，才因為交通上的需要於吊橋旁新建一座水泥橋，但是在民國97年，又遭辛樂克颱風所帶來的大水沖毀，隔年於現址重建一座紅色的拱形鐵橋，於是成為中潭公路邊一處十分醒目的風景。但是新橋在建造時，為了配合百年防洪計畫的要求而將橋面升高，連帶也使得一旁的中潭公路必須跟著填土墊高許多，因而造成橋頭幾間房屋的屋頂與路面同高，形成有如地下室一般的情景，甚至還造成那幾戶住家無法出入，於是在新橋落成之後，每

仲夏時分，中潭公路旁的大花紫薇與阿勃勒正在盛開。

當路過昌榮橋，便可以看見好幾面寫著抗議字句的白布條掛在橋頭，然後隨著山風，氣鼓鼓地擺動著，顯得既生氣又激動。

相關單位的疏失卻讓民眾自行承擔後果，那是一種顢頇的官僚作為吧，因此除了橋頭那幾戶住家的氣憤不平之外，也引起了媒體及地方民眾的注意，於是在多方陳情與壓力之下，相關單位方才有了正面的回應，積極地將橋頭那幾間房子加高搭建，讓那幾戶住家得以重見天日而且出入方便，因此現在路過昌榮橋，會發現其中一間雜貨店的外牆上掛著一面「感恩商店」的牌子，那是屋主對大家一種謝意的表達吧，因此從昌榮橋重建的過程中，我們看見人世間的蠻橫無理，也看見社會上處處溫情。

仲夏時分，午後山區常有雷雨，因此橋下的南港溪水顯得有些洶湧，加上昌榮橋的南岸是一脈的岩壁，與水流形成互不相讓的對立，於是使得溪水或滔滔翻滾、或轟轟作響，呈現出一種激昂的情緒來，就如同溪岸公路旁的花樹一樣，開得既興奮又燦爛。

在昌榮橋上四處張望的同時，我發現橋下有釣客在溪邊垂釣，但是橋頭卻豎立著當地禁止釣魚的牌子，顯然那些釣客並沒有把警告放在眼裏，甚至也沒有把安全放在心上吧，因為當地的溪

昌榮橋頭的感恩商店，背後有一些故事。

昌榮橋下的溪床上擺著幾枚方石，與對岸的岩壁相呼應。

岸與溪床約有2層樓的落差，而且崖壁陡峭著，根本沒有路可以進入溪床，因此拉著繩索、攀著岩壁恐怕就是那些釣客出入溪床的唯一方法吧。在橋頭上游約50公尺的地方，公路旁有一枚大石頭，底下是錯亂堆疊的垂直岩塊，岩壁上還綁著一條繩索，因為好奇，我也拉著繩索進入昌榮橋下的溪床。

在堆疊的岩塊處，有一道細流從上方的公路邊流下，於是在底下形成一片淤積的泥沙以及茂盛野草，甚至在草叢裏還可以聽見汩汩的水聲。踩踏而過，臨溪的地方則佈滿著石頭，6月仲夏，黑眶蟾蜍已經從蝌蚪變成幼蛙，於是隨著腳步的逼近，紛紛地從石頭底下跳

出，然後慌然四竄，顯得緊張又不安。除了蟾蜍，當地的鳥類應該也不少，因為在溪床上的石頭表面，到處可見鳥糞的痕跡，有水鶇、翠鳥以及白鷺鷥等等吧？

佇立在溪床上，拱狀的昌榮橋就完完整整地呈現在眼前，大大方方毫無保留，而且以一種堅固的模樣跨越在溪的兩岸，與過去從公路上所望見的景色有很大的不同。在臨溪的沙地上有幾枚較大的方石，看樣子應該是釣客為了歇坐所擺設的，從橋上所望見的釣客正在下游不遠處垂釣著，因此那幾枚方石遂成為我可以短暫歇息的地方。

坐在臨溪的石頭上，眼前的南港溪水正滾滾不歇地潺流著，就如同無情的歲月一樣，於是在物換星移的更遞裏，昌榮橋可以老舊、可以重建，橋頭的住家可以無奈、可以感恩，而橋下的溪水可以豐沛、可以瘦弱，但是不變的是山水的百般纏綿與人世間的浮浮沉沉吧。

昌榮橋下的岩壁，在大雨過後所形成的水瀑。

跨越在南港溪上的斗山吊橋。

造訪斗山吊橋

安全等級：**安全**
注意事項：**無**

　　國姓鄉溪多，橋樑自然也多，包括古樸的石橋、輕巧的吊橋以及堅固的水泥橋等等，除了在國姓鄉境擔任起交通的重責大任外，有的橋樑還因為形態的優美，意外地成為當地招搖的風景，譬如國道6號交流道的「橋聳雲天」、北港溪的糯米石橋以及柑林村的昌榮鐵橋等等。

　　另外位於大石村，橫跨在南港溪上方的斗山吊橋，也是一座十分醒目的橋樑地標。每回驅車從台14線大石段經過，

國道 6 號從斗山吊橋旁的溪畔穿越而過。

隔著車窗，斗山吊橋長長的橋身很難讓人視而不見。很多年前，在橋頭旁的公路邊有一間「紅橋左岸咖啡館」，生意不錯，但是後來卻因爲不明的原因而歇業，如今人潮雖然已經退去，但是咖啡館的建築物卻還在，於是在看見斗山吊橋的同時，咖啡館也會同時映入眼簾，於是一下子，屬於咖啡與吊橋的記憶遂紛紛浮現。

斗山吊橋在省道公路的下方，有一條傾斜的引道銜接著，方便大石村的居民可以前往對岸的崁斗山一帶，「斗山吊橋」的名稱就是因此而來吧。夏天的午後，靠近崁斗山的橋頭附近，蟬鳴在山林間傳盪著，與橋下的滾滾水聲相互較勁，於是叫得拼命、叫得激動，給人一種歇斯底里般的不可理喻。但是夏天午後慣有的雷雨，讓南港溪的水流顯得十分洶湧，於是走在吊橋上方，耳際除了風聲就是轟然的水聲，蟬鳴反而顯得若有似無。

高聳的國道 6 號從埔里的方向延伸過來，然後從崁斗山與南港溪之間通過，佇立在斗山吊橋的上方，可以望見上游大約 200 公尺的地方，在一根國道 6 號橋柱的下方有一堆岩壁，形貌顯得錯亂猙獰，極具自然之美，因此引起我的高度興趣，想要前往一探。

我走過橋去，然後轉進橋頭左側一條臨溪的產業道路，接著攀岩拉樹地下探溪床。夏天的南港溪顯得混濁而且不太友善，不斷地對我咆哮，因此我只好沿著崖邊的溪床行走，或踏石或涉水而上。途中，有一片灰色的大岩塊，因爲水流沖蝕、因爲風雨侵襲，讓岩塊表面凹凸不平，於是低凹的地方蓄著水，當我跨步而過，竟然讓小小的水窪裏引起一陣騷動，許多蝌蚪慌亂地蠕動著，看來當地的蛙況頗佳，夜晚時分應該會有群蛙齊

鳴的熱鬧景象吧。

　　再往前，右側的山林間有一條水澗流出，聲勢並不大，水流只是清清淺淺地流竄著，或在亂石間，或在岩層表面，但是與　旁滾滾作響的南港溪水相比較，山澗則顯得溫柔許多，但是沒有很長的距離，在那片極具自然之美的岩壁前，混濁的溪水已經漫過溪床，而且還在山腳處形成激流與深潭，讓我無法繼續前進；眼看目的地就在眼前，但是我卻被迫要做放棄的打算。

　　幾經考慮，我決定離開溪床，然後爬上一旁的產業道路，接著繞到上游處再下切進入溪床；那是一處曾經崩塌過的邊坡，山坡上的竹子與雜木交錯橫倒著，於是意外地成為一種可以借勢攀緣的依靠，而且邊坡上還發現有釣客走過的路痕，所以儘管地勢陡峭，但是卻可以讓人安全地進入溪床。

　　進入溪床之後，在下游約五十公尺的地方，那片錯亂的岩壁就在眼前猙獰著，最外層的岩壁呈現尖銳狀，而且還裂開成兩片，彷彿是被人持刀斧劈過一樣，乾脆而且平整，充滿著一種鬼斧神工般的壯闊之感，因此佇立在溪床上目睹那樣的自然美景，一路溯溪與攀爬的辛苦，在當下都顯得無關緊要了。

　　那片岩壁剛好就在溪流的轉彎處，因此不難想像，當大水洶湧而來之時，岩壁一定是首當其衝的，如今卡在岩縫間的若干漂流木以及岩壁旁的一堆沙丘，顯然就是大水過後所留下的痕跡，然而儘管如此，岩壁的正面阻擋，換個角度來看無疑也是一種守護，讓一旁的道路與山林得以免除水流的沖毀；更何況那片岩壁如今的迷人形態，說不定就是在水流與歲月的不停雕琢之下才得

（上）水流滾滾的南港溪中有一枚巨石。　　　混濁洶湧的南港溪旁也有一道清淺的水流。
（下）尖銳狀的岩壁擋住水流長期的侵襲。

以成形，因此人世間所謂的得與失，那處岩壁其實給了
我們一個值得深思的答案。

　　在岩壁處逗留一會兒，我便離開溪床，重新爬上那
片崩塌過的邊坡，然後循著溪旁的產業道路慢慢地走回
斗山吊橋，途中，我發現有許多檳榔樹已經成熟的黃
色果實，或掉入一旁的草叢裏，或滾進下方的溪床中，
或者在路面被車輛給輾碎，同樣是果實，但是命運卻大
大不同，就如同斗山吊橋一樣，當國姓鄉內許多老舊的
吊橋紛紛改建成水泥橋或是任其腐敗之際，斗山吊橋卻
依然可以優雅地跨越在南港溪的上方，甚至還成為當地
顯著的風景地標，那是一種幸運的際遇吧。

在雨霧中，崁斗山上的水瀑隱約可見。

大雨過後

安全等級：**應小心**
注意事項：**大雨過後應避免進入山區**

　　國姓鄉儘管多丘陵，群山普遍也不高，超過 1000 公尺的山峰寥寥無幾，只有九份二山、大橫屏山及崁斗山等，但是當地卻因為山多、溪多，因此每逢夏天的雨季一到，在每一次的大雨過後，山林間便會出現許多時雨瀑，也許幾天之後便會枯竭，但是卻成為國姓鄉一種短暫而且美麗的風景。

崁斗山

其中，位於崁斗山半山腰的時雨瀑，論規模與高度，應該都是國姓鄉內最大的，每當颱風豪雨過後經過國姓鄉，在中潭公路北山隧道附近，便可以望見對岸的崁斗山上有一道白練，高高地掛在山坳處，讓人們在張望的同時，還充滿著若干的好奇與想像，因此讓人們想要前去一探。

其實，在崁斗山下有幾處山澗，溯源而上應該就可以找到那處水瀑，但是當地的地勢陡峻，而且溪谷裏巨石堆疊，加上地質不穩，因此在大雨過後、水澗急奔的情況下，雖然我曾經多次試圖前去溯源探訪，但是最終都因為受阻以致無功而返，因此那處位於崁斗山上的時雨瀑，目前只能遠觀而不能近觀焉。

外盤安舊公路

在北山村的外盤安，舊的中潭公路因為後來的道路拓寬與截彎取直，留下了幾處被冷

外盤安舊公路上的水瀑。

在種瓜路上隱密的時雨瀑。

在中潭公路大石路段，大雨過後水瀑處處可見

落的路段，其中在北山電廠與觀音一號隧道之間的地方，山壁上常常有猴群出沒，因此驅車經過當地時如果不趕時間，我總會刻意地轉進舊公路中，然後隔著車窗去搜尋猴群的身影，那是一種充滿期望的張望呢。

在那處舊公路上就有一處時雨瀑，長得有模有樣，而且在雨季時水流可以持續許久，因此讓那處荒涼的路段一時之間顯得秀麗迷人，讓人樂於親近，但是在瀑布下方的公路邊，目前卻堆放著許多水泥的消波塊，因而讓當地的景色扣分許多。

種瓜路上

從北山坑到埔里成功里的種瓜路上也有一處時雨瀑，很早就知道它的存在，當地岩壁上有一道被水流長期沖刷所形成的凹面，而且長期濕潤著，以致兩側滋長著茂盛的苔蕨植物，儘管平時並沒有水流豐沛的畫面，

在柏林橋頭一處小峽谷裏的水瀑。　在北港村富來橋下的層層水流。

但是我知道，當大雨過後，那處岩壁一定會很不一樣。
8月底，康芮颱風過後，我前去崁斗山訪瀑，回程時特
地繞經種瓜路，想去看看那處時雨瀑的模樣；岩壁上果
然已經有水流沖洩而下，雖然聲勢仍嫌不足，但是至少
岩壁上不再只是濕潤而已，而且水瀑下方還能積水成
潭，甚至傳出腹斑蛙「給－給－給」的叫聲，於是讓那
座時雨瀑一下子鮮活了起來。

南港溪大石村段

　　在中潭公路的大石村路段，於南港溪的兩岸有若干
美麗的岩壁，或渾然天成、或肌理分明、或形態奇特，
在滾滾不歇的水流邊以一種剛毅的姿態存在著，平時就
已經是人車經過時忍不住會張望的對象，而大雨過後，
岩壁上群瀑齊現的畫面，更是讓人驚豔。

　　因此，在大雨過後驅車經過大石村路段，儘管隔著

一片迷濛的車窗，但是溪流兩旁岩壁上的時雨瀑依然顯得招搖，或細細奔流，或轟然沖洩，在雨中各自展現出不同的風情來，那是屬於當地雨季才有的一種風景。

柑林橋頭

一直很喜歡柑林社區，總覺得那個小山村有一種特別迷人的氛圍，寧靜純樸而且與世無爭。之前，中潭公路從社區的邊緣彎轉而過，熙熙攘攘的人車自然無法避免，但是後來，新闢的公路與隧道從村子後方穿越之後，大部份的喧擾就彷彿是退潮一樣紛紛撤走，如今只剩下客運車與少數的人車會經過，於是安靜遂成為當地給人們的普遍印象。

在柑林橋頭的叉路口，山壁上有一處小凹谷，不是很醒目，因此平時經過的人車應該不會特別去注意，但是在大雨過後，爬上那處凹谷，眼前的景色卻十分動人，因為在凹谷的盡頭有兩枚巨石卡在山壁上，而一道短瀑就從岩縫沖下，畫面不但原始而且自然迷人。

富來橋下

除了時雨瀑，若干山溝也會在大雨過後出現一些難得的短瀑與激流，其中令我印象最深刻的在北港村的富來橋下，那條以水泥構築的山溝呈現階梯狀，最上方是一處攔沙壩，景色很平常，甚至還有點醜陋吧，但是在大雨過後，十幾層的短瀑接連而下，那種畫面還真是令人相當著迷啊。

其實在國姓鄉內，有許多類似的山溝壩堤，而且總是習慣以鋼筋水泥的方式施作，表面看似堅固，但是大

雨一來卻往往不堪一擊，於是崩毀與重建遂不停地輪遞上演，那是一種悲哀與無奈吧，而且在乾旱期間，在山林間望見那樣的人工設施，總會讓人覺得突兀與不搭，於是水流的出現，無疑成為一種粉飾、一種拯救。

其他

上述的短瀑或是激流，主要分佈在一些道路的兩旁，在大雨過後只要稍加留意便不難發現，儘管存在的時間不長，然而卻為國姓增添一些難得的美麗。除此之外，在一些人跡罕至的偏遠山區其實還有許多類似的水瀑，但是在大雨過後，山區的道路難免會有一些落石或是倒木，因此除非必要一般人是不會上山的，所以那些在大雨過後所形成的瀑布，無疑是國姓鄉在雨季時所特有的秘境，令人充滿好奇與嚮往。

位於北港溪畔，四角樹林下方的時雨瀑。

大雨過後

橫過溪谷上方的水管即靈山吊橋的舊址

靈山吊橋的故事

安全等級：**安全**
注意事項：**無**

　　一直很喜歡北山坑這個小山村，那是一種說不出理由的愛戀，彷彿在那山村聚落裏還保存著一些屬於我的美好回憶，也許是溫馨的人情，也許是久遠的故事，雖然經過

福安宮後方被保留下來的福德
正神的石牌。

歲月的漂洗之後，某些記憶早已色掉漆褪，早已不再鮮明，但是偶而想起，屬於北山坑的點點滴滴仍然令人回味再三。

就以北山坑的地名來說，聽說早年的墾戶和商旅，從柑子林要前往北山坑的途中，必須經過一段長滿菅芒的小徑（即今日大石村的菅蓁巷），芒草的葉片銳利如刀，因此通過那段小徑的人們都會刻意穿上長衣褲，並將自己緊緊包裹以免遭葉片割傷，直到抵達北山坑歇息時才會將身上過多的衣衫剝下，於是後人遂將當地稱為「剝衫坑」，之後由於台語的發音相近，於是「剝衫坑」成了「北山坑」。這樣的故事真是充滿了趣味與畫面。

除了地名由來的故事之外，北山坑其實還有許多有趣的故事，其中有一則土地公救學童的傳說，讓我印象極為深刻；當時的情節在國姓鄉文史采風協會所出版的《斯土有情》一書中有清楚的記載：

有一年，北山國小的學童要到崁斗山的方向去遠足，當時從北山坑到崁斗必須經過一座吊橋，當所有的學童正走在吊橋上時，忽然橋斷了！於是有大部份的學童都掉落到溪中，其中有幾位傷勢還頗為嚴重，不過每

位小朋友最後都能化險為夷、恢復健康。事後根據當事者表示,當時有一位陌生的老伯伯出面來解救他們,才使得受傷者能夠及時送醫;附近居民都認為那是土地公顯靈。

　　文中的吊橋即是「靈山吊橋」,而土地公則是一旁的「福安宮土地公」。靈山吊橋如今早已腐朽,只剩下山腰處的橋門躲縮在一片雜木林中,慢慢地被人們給遺忘,不過土地公廟倒是香火依舊,繼續在當地庇護著附近的村民。

　　3月初春,陽光一點也不溫柔,我從北山派出所的路口轉進左下方的斗山橋,橋頭左側有一處資源回收

福安宮下方的崎嶇旁,有一株張牙舞爪的榕樹。

在北山坑溪的溪床中遇見一座類似水井的設施。

站，一旁的雜草中有一些斷牆殘壁，甚至還有一株盤根錯結的榕樹，以一種張牙舞爪的的模樣存在著，那奇特的形態讓我想起嘉義民雄鬼屋或是台南安平樹屋，雖然只有單株，還無法形成驚人的氣勢，但是樹幹彎轉、榕根糾纏的模樣，仍然十分醒目。

除了那株榕樹，在回收站附近其實還有一些老房子及老樹，形成一處小聚落，不過有若干房舍早已無人居住，於是呈現出一種頹敗與荒蕪的景象來，然而位於聚落上方的福安宮倒是一點也不簡陋，與鄉間常見的小土地公廟相比，還顯得恢宏氣派呢。福安宮的現貌當然是改建後的模樣，不過令人欣喜的是，在廟後方的牆坡上鑲嵌著一面石牌，上頭鐫著已經模糊掉漆的「福德正神」的字樣，那應該是舊廟的殘蹟，當地居民在改建的過程中並沒有將它毀棄，而是巧妙地融入新廟中，這種做法讓人歡喜。

經過斗山橋頭的回收站，我循著北山坑溪旁的山徑

深入，途中有一條叉路可以進入溪床，溪床邊緣有一座類似水井的設施，但是外表卻黏滿著石頭，顯得十分醒目，我好奇地爬到上頭觀望，結果裏面竟堆滿著沙石，看來是某次大水時遭水流淹沒所造成，不過在一旁還有一窪淺潭，在 3 月的枯水期並沒有完全乾涸，於是掛在石頭邊上的抽水馬達及水管顯然還有作用。

　　我繼續往上游走去，水流平緩的溪床顯得廣闊，而且在野花及雜草間到處可見各種奇岩怪石，包括鐵丸石及化石等等，要不是陽光耀眼炙熱，在那樣的溪床上漫遊其實是充滿趣味與驚奇的。在不遠的地方，溪床的上空有一條鋼索及水管橫越而過，那是靈山吊橋的舊址，而鋼索下方的溪床因為水流長期的沖漩，形成了一處較深的水域。抵達時，正好有一群青少年在那裡戲水野餐，年輕的生命全然不把陽光的炙熱與囂張放在眼裏，

北山坑溪中到處可見美麗的化石。

一群年輕人在靈山吊橋舊址的下方戲水。

於是輕易地就濺起了嘩然的笑聲。

　　如果吊橋還在，與溪床的落差大約有 4 層樓高，因此不難想像，當年的斷橋事件是何等的驚險萬分。最終，所有的學童都能平安無事，那不但是一項奇蹟，也是一種冥冥之中的福報吧，因此佇立在吊橋遺址下方的溪床上，耳際除了那群青少年的歡然嬉鬧，我彷彿還聽見有驚呼與慘叫的聲音隨風而來。

　　一直很喜歡北山坑這個小山村，那是一種說不出理由的愛戀，因此在陽光一點也不溫柔的三月初春，我再次造訪當地，除了在北山坑溪畔看見土地公廟的氣派與聚落的殘破之外，我也在溪水嘩然中再一次重溫屬於當地的故事，那是屬於北山坑動人的一部份。

美麗迷人的北山坑溪。

秋訪北山坑溪

安全等級：**安全**
注意事項：**建議結伴同行**

國姓鄉所有的溪流都是屬於大肚溪的上游支流，而南港溪與北港溪則是鄉內的兩大河川。流經北港村的溪流稱為「北港溪」這很合理，但是從南港村流出來的水流卻不叫「南港溪」，這就讓人有些納悶了。原來！從埔里鎮流出的溪流在北山坑與南港村流出的水流匯合，但是前者的規模與水量都比後者大很多，因此在形勢比人弱的情況下，從南港村流出的水流只好以「北山坑溪」來稱之，不過它還是屬於南港溪的支流之一。

　　秋天的假日上午，我從北山坑進入溪床，然後一路溯訪，眼前的水流已不再洶湧，而且清澈見底、迷人非常，再加上兩旁的岩壁崢嶸多變，崖上的林樹茂密青翠，還有蔚藍亮麗的雲空，讓溯訪的心情也跟著愉悅起來。途中，還有多處因水流沖漩所形成的水潭，襯著一旁的崖壁與溪石，景色美得令人驚奇，尤其是從南港一

北山坑溪　處渾然天成的岩壁與清澈的水流。

在溪畔的岩塊上長著一株壯碩的樹木。

號橋到合興橋之間，溪床上多樣與豐富的景致，更是令人讚嘆迷戀，然而很可惜，從上方投 147 縣道經過的人車，因為公路旁林樹的遮蔽，也因為匆忙趕路吧，於是錯失了溪谷裏的風景。

從南港一號橋下方穿過，前方的左側有一脈一脈突出的岩壁，在溪水與時間的雕琢下，顯露出渾然天成的奇秀容貌來，讓人想不注意都很難，而水流也彷彿被它吸引似的，直往岩壁的方向流聚，甚至還在崖下緩流成一潭帶狀的碧綠，因此讓那段北山坑溪盡顯山水特有的壯麗與靈秀。

再往前，溪水轉往右側潺流，因此我必須涉溪而過，然而看似平緩的水流，其實水量仍豐，最深處可達大腿，因此我的雨鞋很快就灌滿溪水，成為一雙沉重的水鞋。在佈滿卵石的溪床上，豆娘與蝴蝶四處可見，甚至還有平地難得一見的虎甲蟲，顯見當地的生態相當不錯。在前方不遠的地方，右側的岩壁上有一株枝葉茂密而且壯碩的樹木，因為大水沖刷的原因吧，根部已經完全裸露出來，但是依然頑強地攀附在岩盤上，旺盛的生命力令人印象深刻。

經過那株大樹之後，溪床的左側有一牆背光的岩壁，因而使得下方的水域也跟著陰涼起來，而垂直的崖壁中有一道被水流沖刷所形成的小凹谷，谷壁上潮濕著，那應該是一處時雨瀑吧，在豪雨過後應該就會有水瀑奔流的畫面。在那處背光的岩壁旁，我再一次涉水渡溪，而接下來，呈現在我眼前的竟然是一潭廣闊的水域，將整個溪床都給佔滿，我被迫只好從左邊的灌木草叢間穿越而過，然後才能繼續溯訪。與那處

水域相連的，是一條帶狀的深潭，靠著右側的岩壁往上游延伸過去，當地的水流頗深，而且魚群量多肥美，在陽光下，魚身還會閃閃爍亮，煞是好看。

　　通過那處深潭水域，前方是合興橋，橋的兩旁分別有一些住家，但是接下來，溪床的景色變得有些普通，儘管一路上仍然偶有佳景，或奇岩怪石、或激流淺潭但是與之前的溪景相比較，明顯遜色了些。不過沒有關係，因為沒有很遠的距離，在 147 線的三民橋處，右邊有一條山澗匯出，使得北山坑溪的景致又有了新鮮的改變。

　　那是粗坑溪，在很早以前，公路從當地彎轉而過，溪谷上有一座石橋，聽說黏築石塊的材料也是糯米、石灰加黑糖，但是後來可能因為老舊不堪吧，於是相關單位在一旁新建一座水泥橋，但是舊石橋並沒有因此而被拆除，而是讓它荒廢成為一種滄桑的模樣。如今，因為投 147 線的拓建，在當地又新建另一座橋樑，於是使得那座水泥橋也跟著被冷落下來，因而在當地形成三座三

一片深潭將溪床整個佔滿

綠樹、岩壁與溪流，形成十分動人的畫面。　　國姓三座糯米橋之一的三民古橋。

民橋同時並存的奇特畫面，那是北山坑溪一處隱微但卻十分有趣的地方。

　　離開三民橋，我繼續往上游探訪，在右邊的台地上有一間民宿農莊，因為與主人是舊識，所以對於那處農莊我並不陌生，甚至還有多次在一旁的溪床中烤肉、野餐與戲水的經驗，因此當地曾經給過我許多美好的回憶，但是後來那間農莊轉手讓給別人經營，我再去造訪的次數就變少了，不過對於當地的美景始終印象深刻，因為在附近的溪床上有一面岩壁，可能是受到水流長期的沖刷所致吧，在突出的山壁上有兩個相通的岩洞，形態有如骷髏一般，如此鬼斧神工般的景象著實令人很難淡忘。

　　而那處有如骷髏的岩洞也彷彿是句點一樣，因為從此之後，北山坑溪的上游就似乎少了些精彩，在佈滿卵石的溪床上，只見水流細細緩緩地潺流著，加上兩旁盡是水泥的堤岸，那種畫面欠缺一種動人的元素，因此在秋天亮麗的陽光下溯訪北山坑溪，我從精彩走到平凡，心情也從驚喜轉為淡然，那是北山坑溪最真實的樣貌吧。

在九份二山旁的山腰處，有一大片迷人的梅花。

長石巷在那裡？

安全等級：應小心
注意事項：大雨過後應避免前往

　　長石巷在那裡？長石巷在國姓鄉的南港村，是南港聚落要前往九份二山的產業道路，但是在我過往的認知中，長石巷並不是路，而是一段景色十分優美的溪谷。民國85年，我曾經出版一本散文集《黃昏的溪流》，當時該書的封面就是長石巷的美麗山水，那時候好喜歡當地的清幽與自然，因此常常會利用假日前往遊玩，或獨自一人，或呼

朋引伴，不管是野餐烤肉還是戲水撿石，長石巷都能給我們大大的滿足，因此儘管長石巷的那處溪谷，早已經因為 921 地震所造成的山崩而遭掩埋而改變，但是在我的記憶深處，長石巷始終還是山青水秀的模樣。

後來，翻閱國姓鄉的地圖，我才訝然發現，我過去一直認所定的長石巷，原來稱為長石口，顧名思義就是長石巷的入口。那處原本十分美麗的溪谷，如今則因為地震的因素而產生巨大的改變，不但成為上方堰塞湖溢洪道的尾端，而且還為了要防災而施設多處攔沙壩，於是使得當地的景色不但失色許多，甚至還多了一種潛藏危險的負面印象。不過從長石口要前往九份二山，途中種有許多梅樹，或稀疏分散，或大片盤據，因此在歲末寒冬之際，紛紛綻放的梅花便成為當地最迷人的一種風景，山林間不但花白漫漫，而且還暗香浮動著，因此除了吸引群蜂的聚集，也吸引許多遊客的造訪；讓原本寧靜的山村，一時之間變得熱鬧非常。

（左）921 地震前的長石巷，景色美得令人懷念不已。
（右）在南興橋邊，有一座義民吊橋的舊橋門。

　　民國 102 年的元月，趁著梅花的花期還沒過，我專程前往長石巷去尋幽訪花。從南港村褒雄宮的牌樓處轉進長石巷，民國 64 年建造的南興橋就在前方迎接著我，南興橋已經十分老舊了，但是橋頭右側一座低矮的吊橋橋門則更顯滄桑，橋門上題著：「義民橋」，那是因為早年的褒雄宮義民爺廟就在橋頭邊，後來才遷移到現址，另外，橋名左側還有張登貴三個小字，張登貴是國姓鄉第一、二、三屆的鄉長（民國 40 年至 49 年），也曾經擔任過縣議員，是地方上傑出的政治人物。因此那座殘留下來的吊橋橋門，無疑也是一種見證，見證著屬於國姓的一段過往。

如今的長石巷，變成如此的模樣。

921 地震時發生大崩山的澀仔坑，如今幾乎被綠樹給覆蓋。

　　通過南興橋，山徑是一路的彎轉上昇，途中有一些
叉路、有幾戶零星的住家，還有一些告示牌，提醒著訪
客在雨季上山要注意安全，看來當地的地質仍然不太穩
定，屬於九二一地震所留下的陰影顯然也還在，不過在
我造訪的當天，天氣倒是十分晴朗，空氣中是完全嗅不
到危險的味道。

　　抵達中興橋，那是地震後所新建的一座橋樑，以一
種堅固的形態跨越在溪流的上方；走過橋去，右側的
山腳凹谷便是長石口，也就是過去我所認定的「長石
巷」，然而記憶中美麗的溪流如今早已不存在，取而代
之的是一座一座的攔沙壩。寒冬時分，當地的水流並沒
有枯竭，仍是淙淙潺流的模樣，於是穿過石堆、漫過壩
頂，然後在攔沙壩下方蓄積成潭；在亮藍的雲空下，那
一窪一窪的水潭呈現出釉綠的色澤來，顯得十分誘人，
要不是一旁就是人工壩堤以及崩塌的水泥設施，長石口
其實還有幾分的姿色。

　　離開中興橋，我繼續循著山路彎轉而上，因為我沒有忘記，梅花還在途中等著我呢。陽光耀眼的午後，921地震發生大走山的澀仔坑就在對面清晰著，那一大片土石崩潰之後所呈現的傾斜岩壁，如今已被綠色的植物覆蓋大半，而堆積在山腳下的大量土石如今也是鬱鬱森林的模樣，完全看不出地震當時的慘況，但是山腳下的地震紀念碑卻毫無保留地告訴每一位訪客，當地曾經被地震給蹂躪的不幸過往。

　　從官氏養鹿場開始，梅花就在路旁或是山坡上綻放著，而樹下蜂農所擺放的蜂箱則顯得熱鬧非常，因為蜂群飛進飛出，嗡嗡之聲不絕於耳，與一旁安靜的堰塞湖形成強烈的對比。除了蜜蜂，當地還有人群的喧嚷，因為天氣晴朗、因為梅花盛開，所以吸引許多內行的遊

因為地震山崩所形成的堰塞湖。

客造訪，讓湖邊的停車場也出現難得的客滿景象，冬天的九份二山其實一點也不孤單。

　　從澀仔坑崩落下來的大量土石，阻斷了九份二山韭菜湖坑的山澗，於是形成堰塞湖，而湖水滿溢之後會沿著一段堆滿亂石的引道流向澀仔坑，接著再度形成另一處湖潭，然後才順著溢洪道流向長石口。因此從高處鳥瞰，兩處堰塞湖就像眼睛般，冷冷地看著雲空、看著一旁的山林，也看著山村的荒涼與哀傷。湖水靜極了，靜得可以讓周遭山林的顏色融成一種淋漓盡致的色澤，也可以讓陽光在湖面調皮地閃閃爍亮，於是看似與世無爭的安靜湖潭，其實是多變而且包容的，包容山風的戲弄、水鳥的停落、釣客的垂釣、梅花的招搖以及屬於山村的許許多多過往。

　　離開堰塞湖，我繼續往九份二山前進，而這時，山路旁的梅花更多了，在左側的山坡上甚至還有一大片的花白，因此在山道上驅車經過，鼻息之間盡是醉人的花香，於是許多美好的記憶遂在花香當中紛紛地被喚醒，包括純樸寧靜的山村、包括自然美麗的溪谷，因此，如果您問我：「長石巷在那裏？」我會告訴您，它一直在我的記憶裏。

位於投147線旁的水鹿雕塑，營造出水鹿原鄉的氛圍。

水鹿原鄉，
南港溯源

安全等級：**安全**
注意事項：**無**

　　國姓鄉是南投縣內唯一以客家人為主的鄉鎮，客籍居民約佔百分之七十五，而投147線附近的南港村一帶，其比率更高，約有九成左右，因而呈現出濃濃的客家風情，除此之外，當地的水鹿產業也極有特色，是一處水鹿比人還多的山村，因此在投147線的沿途，分佈著許多的養鹿

場，因而擁有「鹿之道」的美稱。

　　大約在一百多年前，南港村的先民們打算要籌建伯公祠，但是卻苦無經費，正當大家正在集思廣議之際，村子裏忽然來了一隻大公鹿而且逗留不去，於是有人突發奇想，當著眾人之面擲杯請示上蒼，能否捕鹿採茸來加以變賣？以作為建廟的經費，結果竟然得到允杯，於是南港村的伯公廟就因為那頭公鹿而來。

　　伯公廟建立之後，當地的養鹿風氣開始盛行，使得原本窮困的山村逐漸富裕起來，後來不但有「南投縣養鹿協會」的成立，而且養鹿還一躍成為南投縣產值最高的畜牧業，使得南港村一帶成為台灣規模最大的水鹿養殖專區，為地方帶來可觀的經濟效益。雖然在民國88年的921地震中，當地受創嚴重，但是地震之後，為了提振國姓鄉的休閒農業與產業觀光，南投縣養鹿協會開始舉辦「鹿神祭」的活動，如今已成為國姓鄉最有代表性的祭典活動之一。

水鹿原鄉，南港溯源

港源一號橋下的美麗溪床。

　　由下游往上游溯行，北山坑溪過了南港社區之後，溪流的樣貌已經明顯不如下游來得精彩，在溪床上佈滿著累累的卵石，而且水流也瘦弱許多，景色是屬於普普通通的那種，不過在溪流的兩岸，倒是遍植著許多水鹿的食草，包括牧草、巨葉榕及構樹等等，因而形成一種與眾不同的山村畫面，那是屬於水鹿原鄉才有的風景吧。

　　通過南港社區之後，鹿源橋就跨越在溪流的上方，在橋的對岸是當地知名的林家，與盧、羅、徐並稱為南港四大家族。林家來自新竹北埔，於日治明治43年（西元 1910 年），由林鼎華與妻子林劉番婆妹帶著兒孫近二十人南遷到國姓來，經過一段時間的辛勤開墾之後，終於在南港村奠定基業並且開枝散葉，繁衍子孫超過百人，不但贏得「天下第一家」的美名，也成為國姓鄉內重要的家族之一。另外，林家祖厝由於頗具保存的價值，因此受到南投縣文化局的重視與協助，曾經得到上級的補助進行維修，目前已成為當地重要的文化據點。

經過林家之後，順著溪流繼續溯訪，盧家就座落在左側的山腳下，之前曾經為了書寫《客家與水鹿》一書，去拜訪過養鹿協會的盧土達理事長及其祖厝，雖然盧家並沒有像林家那樣受到較多關愛的眼神，但是盧家祖厝古樸的挑高建築以及庭院的太陽公祭祀，都讓我留下深刻的印象。

　　再往前，港源一號橋就在前方等著我，在今年的梅雨季中，港源一號舊橋被暴漲的溪水沖壞，但是一旁正在興建的新橋其安全性又遭受當地居民的質疑，因此曾經在媒體上喧嚷一時。但是眼前，在亮麗的陽光下，

在港源一號橋上游不遠處的激流短瀑。

水鹿原鄉，南港溯源

投 147 線途中的
欄沙壩與巨石。

已經完工啓用的港源一號橋顯得新穎耀眼,完全嗅不出
危險的氣氛,至於被拆除的舊橋,破碎的水泥塊則被棄
置在溪床上,成為一種礙眼的見證。

　　從南港社區一路溯行往上,北山坑溪的風景是談不
上壯觀或是秀麗的,因此沿途的養鹿人家與客家聚落,
反而成為當地比較鮮明的一種畫面。或許就是因為這樣
的既存印象吧,所以在港源一號橋下,除了目睹一堆舊
橋的碎塊,還意外地遇見猙獰的岩床與激烈的水流時,
當下我的心情遂有一種歡然的驚喜。在港源一號橋下的
溪床上因為有多處的陡落,加上黑色風化的岩床錯亂隆
起,所以逼得水流急急奔竄,於是在當地形成短瀑與激
流的景象,讓一路平凡無奇的北山坑溪驟然精彩起來。
不過,在經過港源一號橋之後,北山坑溪似乎又恢復了
平凡的面貌,人工的堤壩、灰白的卵石以及細緩的水
流,讓溪谷裏的景色明顯不如兩岸的山林與房舍來得
動人,因此通過港源國小,我便離開溪床,回到投 147
線的道路上,繼續朝著北山坑溪的源頭前進。

在 147 線 3.4K 的地方有一座無名的水泥橋，橋下上游處有一面大約 2 層樓高的攔沙壩，一簾水流就從壩面順流而下，儘管景色不錯，然而那是台灣山區很常見的一種風景，因此還不至於令人感到驚喜，不過在壩底卻有一枚十分巨大的石頭，讓我眼睛為之一亮，看來那應該是從上方的山谷滾落而下，而且就擋在攔沙壩的前方，迫使得水流必須繞道而行，於是彎彎地流出谷底的一份清幽與自然。

我想進入橋下去尋幽探訪，於是從橋頭的邊坡滑入谷底，儘管溪谷的上方有許多水管交錯而過，讓畫面不太好看，但是那並不妨礙我對那枚巨石的關注；巨石高約 3 米，在小小的溪谷裏顯得龐大非常，於是輕易地就營造出一種莽然粗獷的景況來，那是一種招搖的風景，也是北山坑溪上游的一處小驚喜。

離開那枚谷底的巨石，我循著投 147 線繼續爬昇，在抵達稜線的地方，道路旁有一座涼亭，那裏是國姓與水里的交界，自然也是兩地溪流的分水嶺，因此不難想像，北山坑溪的源頭應該就在附近的某處山坳裏涓涓滴流。因此佇立在涼亭裏，下方的山谷裏除了是南港村的山林聚落與田野鹿場，當然也還有北山坑溪的一路潺流。

位於投147線最高點的涼亭，那是國姓與水里的分界點。

水鹿原鄉，南港溯源

91

種瓜溪在北山村種瓜橋下匯入南港溪中。

溯訪玉門關

安全等級：應小心
注意事項：大雨過後應避免前往

　　種瓜溪是南港溪的一條支流，源自於魚池鄉西邊的山地，最終在北山村種瓜橋下匯入南港溪中。種瓜溪的上游是一條平凡無奇的野溪，但是當溪水流經埔里成功里的盆

地時，山林從兩邊向溪流靠攏，因而形成了一處峽谷，由於峽谷兩側盡是壯碩的岩塊，呈現出一種陽剛之美，加上溪谷裏水流洶湧，因此被當地人稱為「玉門關」。

在種瓜溪的下游有一間名為「玉門關山莊」的民宿，地處國姓鄉北山村的範圍，該民宿在經營上面頗有創意，曾經以泥漿 SPA 浴、地震體驗營及穿草鞋溯溪等服務獲得媒體的關注而加以報導；而其中，帶遊客進入種瓜溪中，然後以溯溪的方式來體驗國姓鄉的好山好水，無疑是業者善用自然資源的一種聰明作為。

10 月初，菲特颱風從台灣北邊掠過，南投縣雖然也被列入警戒區，但是當天上午並沒有風雨，只是天空陰霾著，因此並沒有讓我打消前去種瓜溪溯訪的計畫（註）。當天，得到民宿老闆的同意，我將車子停在民宿的停車場裏，然後徒步進入溪谷。在步道的起點豎立著一面山莊附近的導覽圖，地圖上的種瓜溪分別被標示

民宿的客人在種瓜溪中溯溪戲水。

有如峽谷般的種瓜溪景致

著「夢幻溪谷」「展翅高飛」「千層溪谷」「雙獅獻瑞」「溪谷石林」及「玉門關瀑布」等景點，那應該是業者依據當地溪谷的風貌而加以命名，給第一次溯溪的訪客們充滿一些想像和期待。

進入溪床，眼前是一道水泥的攔沙壩，由於受到水流與沙石的長期沖刷吧，因而出現了一道缺口，於是溪水就從缺口處沖洩而下，不但形成一道短瀑，而且還在下方沖漩出一處有如水潭般的廣闊水域來；對遊客而言，即便是不想溯溪，那處水域也絕對是很棒的戲水空間，因此不難想像，在酷熱的夏天，那處溪床一定會熱鬧非常，想到這裏，我耳際依稀可以聽見有歡然的笑聲隨風而來。

爬上那道攔沙壩，前方的溪谷兩側，岩壁不但形態多變、渾然天成，而且上方的林樹茂密蒼翠，將種瓜溪呵護成峽谷般的地貌，於是在峽谷裏有壯觀的岩壁、有清澈的水流、有游竄的魚群，還有巨石的一路陪伴，加上當天天氣陰涼著，讓溯行顯得舒服而且愜意。途中，溪流有一處大轉彎，溪岸上有幾叢刺竹及幾株青剛櫟，秋天是殼斗科樹木的結果期，但是樹下的溪床上我並沒有發現落果，於是在失望之餘，我只好仰起頭來四處張望，於是連帶的看見灰色的天空與陡峭的山壁。

繞過那處大轉彎，溪谷的景色又明顯不一樣了，前方是一片淺淺的緩流，而更遠的地方則是亂石錯立，使得溪水也跟著激動起來，那是屬於種瓜溪時而溫柔時而狂野的真實表情吧。繼續涉水而上、翻石而過，我在無人的峽谷裏獨自溯行，也獨自感受屬於當地山水的清幽與動人。在即將抵達玉門關瀑布的地方，山坡上有一

種瓜溪畔梅花盛開的景色。

大片的梅林，在寒冬時分多次從上方的山路驅車經過，隔著車窗，山路下方的大片花白很難讓人視而不見。10月秋涼，雖然屬於梅花的季節還沒到來，但是山林溪澗可以讓人等待，等待屬於種瓜溪四季不同的美麗面貌。

　　一路溯訪，沿途的景色雖然驚喜不斷，但是玉門關瀑布絕對是種瓜溪最大的魅力所在。其實，玉門關瀑布是因為溪床陡落所形成，原本應該有三層樓高，但是瀑布下方卻有一枚巨石擋住，因此急沖而下的水流只好往右側的岩縫激瀉，所以玉門關瀑布其實並不大，是屬於短小精悍的那種。而瀑布下方那塊巨石，經常會有人攀爬而上，然後坐在巨石上吹著山風或者面對壯闊的水瀑，那種感覺相當過癮，但是因為具有危險性，一般遊客還是不要貿然嘗試才好。

　　至於玉門關則在瀑布上游約 100 公尺的地方，那是一處十分迷人的溪谷，有洶湧的溪流、澄淨的水潭，

還有渾然天成、豐實秀麗的壯麗岩塊，雄偉中帶點溫潤、飽滿中帶點剛強，把溪岩的美表現得淋漓盡致，是埔里知名的自然景點；但是後來因為曾經發生過溺水的意外，相關單位基於安全的考量，曾經有一段時間封閉不讓民眾進入，但是之後仍然擋不住慕名而來的訪客又重新開放。

從國姓到埔里，種瓜溪雖然只是南港溪的一條小支流，但是沿途因為溪谷山林的多變，讓當地的景色秀麗無比，不但吸引許多慕名而來的訪客，而且也成為國姓鄉十分具有代表性的山水據點。

從山路上眺望玉門關瀑布。

屬於埔里鎮的玉門關，景色美得令人驚豔。

註：除非必要，颱風天應該要避免進入山區溪流，
　　以免發生危險。

遠眺南港溪中的雙龜巨石。

茅埔雙龜

安全等級：安全
注意事項：無

　　南投縣水里鄉的永興村舊稱牛輛轆，是水里鄉開發最早的地方，已有將近兩百年的歷史，早在清嘉慶 16 年（西元 1811 年）時，就有一位泉州籍的墾戶林朋招佃入墾當地，但是永興村與市街隔著濁水溪遙遙相望；而且並沒有特別知名的觀光景點，因此一般遊客對於當地應該是陌生的，然而若以文化的角度來審視，永興村卻是一個讓人驚喜不斷的聚落，因為當地還有古厝、老樹、水火同源以及

諸多的傳說等等，讓永興村充滿著一種迷人的文化魅力。

　　跨越濁水溪的永興吊橋是早年村民出入永興村的主要選擇，如今則被下游的永興大橋取代；在吊橋與新橋之間的溪床中有兩枚巨石，當地人慣稱「麒麟石」，據說在清朝末年，清朝皇帝曾微服出巡台灣，當他來到牛輜轆時，見到溪水滾滾而無法渡河，於是招來麒麟準備飛越濁水溪，不料！正當麒麟載著皇帝飛上天空時，麒麟的雙眼卻遭日軍的火砲給擊中，受傷的麒麟與皇帝雙雙跌落溪旁的聚落裏，雖然皇帝平安無事，但是麒麟的眼珠卻掉落在濁水溪的溪床中，後來化成兩枚巨石，因此後人遂以「麒麟石」來稱之，但是這樣的傳說實在誇張得令人難以相信，因此當地的居民後來將那兩枚巨石改稱為「情人島」，以表示依偎相守的形態，但不管名稱為何？出入永興村時，位於濁水溪上的麒麟石無疑是當地最醒目的地標。

雙龜旁的南港溪畔有釣客認真的身影。

其實，在國姓鄉也有類似永興村情人島的景點，其地點就在北山村茅埔社區旁的南港溪中，同樣是兩枚巨石矗立在溪床上，而且體積比永興村的麒麟石要大一些，岩體表面還呈現出點點的鏽色，顯見岩層中有大量的鐵質，但是相較之下，國姓鄉的那兩枚巨石似乎安靜許多，因為並沒有受到太多人的關注，於是在水流潺潺的溪床中顯得沉默與孤寂。

初春三月，我從北山坑的種瓜橋附近進入溪床，眼前的南港溪彎彎地流著，右邊的台地上是茅埔社區的若干住家與田疇，於是將台 14 線省道公路隔得遠遠的，路過的人車根本就看不見那段溪流，因此溪床上到底有什麼？一般人恐怕就更不清楚了。循著溪床溯訪，水流在右邊沿著台地湍急著，因此在水流不斷的沖刷下，

姓龜巨石上的樹木有向陽彎曲情形。

在巨石旁的南港溪，一邊是滾滾湧流，一邊是清淺細流。

可以清楚地看見台地的邊緣有若干崩潰的痕跡，其中還有一條水圳的殘跡，那應該是茅埔圳的尾端吧。

　　在水流湍急的地方我遇見幾位釣客，在溪畔或坐或立，在如此荒涼的溪床上，也在烈日與風雨的煎熬下，那種看似單調又無聊的行為，讓我這種不懂垂釣之樂的人深感佩服，於是揮手向他們致意；其中有位釣客不但抬起頭來看我，而且還跟我寒暄問好，但是溪水嘩然，我當下完全聽不清楚對方在說什麼？不過在他被曬得黑亮的臉上看見綻開的笑容，讓我在風中感受到一種和善與親切。

　　途中，有一段溪床長著比人還高的野草及灌木，形成一種自然的阻礙，迫使得我必須沿著水邊行走，不過就在我繞過那片荒蕪的草木時，我意外地瞥見野草區的上游處竟是兩枚巨石，而且體積頗大，岩石上還長著幾株樹木，枝幹上還停著幾隻鷺鷥鳥，在陽光耀眼的溪床中形成了一種招搖的風景。

　　是因為那兩枚巨石的矗立與阻擋吧，讓溪水在當地分流而過；面對滾滾而來的溪水，那兩枚巨石不但顯得毫無畏懼，而且還展現出「雖千軍萬馬吾以一擋之」的架勢，於是使得巨石後方的草木得以恣意地生長，不必擔心在雨季時會遭大水沖走，那是一種呵護也是一種廝守吧，因此乍然發現，讓我直接聯想起水里鄉永興村的情人島來。同樣是兩枚巨石，同樣在溪床上面對水流的洶湧，因此不知道茅埔當地的民眾對那兩枚巨石有何稱喚？如果沒有，我還真想給它「情人石」的名稱。不過我後來在附近詢問耆老，得知當地的民眾將那兩枚石頭視為石龜，哈哈哈，因此那算是一對情人龜囉。

　　我好奇地踏上那兩枚巨石，兩石之間沉積著一些沙石，而累累的石塊表面則佈滿著大量的鳥糞，看來當地有不少的鳥類棲息著，在黃昏眾鳥歸巢時，巨石上方應該會很熱鬧吧。三月枯水期，南港溪的水流在巨石的右邊湍急著，但是左邊的支流則瘦弱成汩汩細流的模樣，而更遠的溪床上甚至枯竭成爛泥與小水窪，於是在巨石的兩側，溪水分別呈現出全然不同的風景，或激昂或沉默，那情景就如同那兩枚巨石一樣，給人陽剛與溫柔的有趣聯想。

　　離開那兩枚巨石，我繼續往上游走去，然後從不遠處的成功橋爬上岸，橋頭邊有一面水利會的解說牌以及一座舊吊橋的橋門，因為在下方的溪邊就是大石股圳的進水口，當地垂直的岩壁十分險峻，而下方的水流也頗有聲勢，使得當地的山水呈現出難得的壯闊景象，與周遭山林的溫柔表情有很大的不同。

　　三月初春，佇立在成功橋上，往上，我看見大石股

圳的陡峭岩壁，而往下則望見那兩枚巨石就在不遠處的溪床上安靜著。在茅埔社區旁的南港溪中，那樣的山水其實是迷人的，但是卻因為茅埔社區的住家與田疇的阻隔，讓那段風景意外地被人們給冷落。

雙龜上游處的大石股圳的進水口。

岩壁上有水瀑從山腰處沖出。

岩壁，水圳，雙瀑

安全等級：**應小心**
注意事項：**建議結伴同行**

　　那處岩壁上的短瀑我並不陌生，因為行經中潭公路國姓茅埔段時，隔著車窗我常常會望見那面生動的風景，但是在這同時，我也不禁心生疑惑，那處短瀑的水流到底從那裡來？因為水瀑並不是從崖頂沖下，反而從岩壁的山腰處洩出，彷彿在山壁上有一道裂縫，才讓當地的水泉得以轟然而出。然而疑惑始終都存在著，因為長久以來我一直

都不清楚那處水瀑的水流到底從那裡來？因此民國 102年的初春，為了一解心中的納悶，我決定前往一探。

在中潭公路的仙人橋上，往下游眺望，北山電廠就在山腰處醒目著，而那處岩壁與短瀑則在上游不遠的地方，因此我試著從橋頭一條小徑進入溪床，小徑旁是一條水圳，沿著山壁而建，途中有幾株大樹從山壁上伸下枝葉來，因而讓小徑上多了一些落葉及蔭涼。

走到小徑的盡頭，沒想到竟然是一處岩洞，略顯混濁的圳水就從洞裏緩緩流出，而洞旁還有一道閘門，如果將閘門打開，圳水就會往溪床的方向沖洩而下。小徑與溪床之間大約有一層樓高的落差，而且沒有梯道可以下去，我只好攀著邊坡上的一株枯木，然後讓自己半滑半摔地跳進溪床當中，動作雖然還算靈活，但是當時我似乎忘了自己已經不再年輕的事實，哈哈哈。

進入溪床之後，我先從幾叢刺竹之間低身穿過，然後在溪石纍纍與長滿各種野花的溪床上行走，右前方是一面幾乎垂直的岩壁，往上游處延伸約有百米長，從公路上遠望並不覺得壯觀，但是當我佇立在岩壁下方的溪床上，那面岩壁竟然壯觀得令我印象深刻；而那條水圳就從岩壁的內部鑿通而過，雖然談不上鬼斧神工，但是當年開鑿水圳的艱辛卻也是

鑿通岩壁引水而來的是茅埔圳。

清楚可見。

那是茅埔圳，根據水利會的資料顯示，當年是由埔里的黃墩仁所建造，全長 2550m，灌溉面積可達 50 公頃。水圳從竹子籟的南港溪邊引水而來，經過那面岩壁時，在山腰處採取隧道的方式通過，而且在岩壁上裝設閘門及兩處溢流口，於是當圳水豐沛時，便會有水流從岩壁上沖洩而下，因而形成兩處短瀑，不過從省道公路上眺望，通常只能望見其一，更上游的那處水瀑因為角度的關係隱而不見，因此走入溪床，不但讓我明白水瀑形成的原因，更讓我意外地發現另一處瀑布及岩壁的壯觀。

水瀑儘管不大，而且水源來自灌溉溝渠，但是仍然長得有模有樣，加上水流是從堅硬的岩壁中沖出，因此呈現出一

從公路上看不到的另一處水瀑。

種既壯闊又激昂的景象來，著實令人心生歡喜。國道6號剛好就從那面垂直的岩壁上方通過，南港溪的水流也在那裡轉個彎，因此在雨季水流豐沛時，溪水必然會與岩壁有著激烈的對峙，但是岩壁表面並沒有看見損傷或崩毀的痕跡，而且還呈現出如鐵一般的黑褐色澤，於是

水瀑下方長著許多美麗的浮萍。

水流只能在岩壁下方漩流出深潭的模樣。

　　造訪當時，圳水是混濁的，因此在水瀑下方所沉積的一些爛泥，顯然就是圳水從上游所帶來，那情景與深山水瀑的全然清澈有著很大的不同。於是在瀑布下方的溪床上長著一些水生植物，甚至水面還聚著一些浮萍，意外地營造出類似濕地的環境來，於是在水瀑下方我發現了許多小蛙，或蟾蜍、或樹蛙，而且還隨著我的腳步接近而紛紛跳竄。

　　涉水過溪，我試著要將岩壁及雙瀑完整拍攝下來，但是當我佇立在對岸的溪床上，我的數位相機仍然無法將長約百米的岩壁完全入鏡，顯見那面岩壁是何等的壯觀。過去，從仙人橋上望見那面岩壁和水瀑，總覺得那只是一般的小山小水而已，但是當我佇立在岩壁下方，才訝然發現，屬於山水特有的柔美及壯麗都在那裡毫無保留地展現著。

　　在岩壁下方的溪床上，我除了賞景、涉溪及拍照之外，還迫不及待地打電話給當地的友人，因為那處看似

岩壁，水圳，雙瀑

從岩壁處眺望中潭公路上的仙人橋及更遠處的北山發電廠。

熟悉的風景，其實我們對它根本就陌生得很，以致實地造訪時，在那面岩壁與雙瀑之前，我的心情顯得有些激動和歡然，因此急著想要跟朋友們分享。

逗留一會兒，離開那面岩壁與雙瀑之後，我循著溪床往回走，而這時，我發現在接近仙人橋的上游處有兩座舊橋墩，那是早年舊公路跨越南港溪的遺跡吧，後來因為仙人橋的落成而被毀棄，如今只能無奈地委身在溪床上的野草中，然後逐漸地被人們給遺忘，不像那面岩壁和雙瀑，儘管同樣沒有受到太多的關注，但是只要山水的景致還在，我相信總有一天會被人們給發現及讚嘆的。

在觀音 2 號與 3 號隧道之間的南港溪床。

觀音隧道旁的驚喜

安全等級：應小心
注意事項：大雨過後應避免前往

　　省道台 14 線公路從國姓進入埔里，會經過三座隧道，分別是觀音一號、二號及三號，在隧道還沒開通之前，當地的公路是跟著一旁的溪流蜿蜒曲折著，沿途的景色美不勝收，但是後來因為交通的需求，公路不但拓寬而且還截彎取直，於是在當地新增了幾座橋樑及隧道，不過原來彎轉的舊公路

卻因而被冷落在一旁，甚至慢慢地被人們給遺忘，於是成為一段一段荒蕪的風景。

在觀音二號與三號隧道之間是一座橋樑，底下則是潺潺的南港溪，在當地的溪床上有若干突出的岩脈呈傾斜之姿，顯得奇特而且招搖，所以每回驅車從橋上經過時，隔著車窗我總會忍不住去側首張望，而且還在心裏蘊釀一些好奇和嚮往，心裏總想著，當地的溪床上除了水流與傾斜的岩脈之外，是否還有其他的風景？

終於，在 2013 年的 3 月，我決定前往觀音隧道旁的溪床一探；那是一個陽光耀眼的上午，我從埔里出發，然後在觀音三號隧道口轉進右側的舊公路，途中會經過兩座吊橋，而公路的盡頭則是一片臨溪的田地及幾間簡陋的農舍。我從當地穿越田野然後進入溪床當中。一開始，從橋上所望見的傾斜岩脈就在眼前鋪陳開來，

溪床上的岩塊有紅色的水流滲出

在岩壁下方的水域拋網捕魚。

而且意外的是，當地岩盤上的石頭不但形態多變，而且還呈現出或黑、或白、或褐的色澤來，給人一種繽紛的視覺驚喜。

　　岩盤上還有一窪長條狀的淺潭，長著許多的浮萍與水草，顯得綠意盎然，而滿出來的水流則往岩盤的邊緣流洩而下，沒想到竟然還能形成一瀑激流，原來岩盤與溪水之間有著一段落差，於是當我涉入溪水當中，兩邊的岩石宛如城牆般矗立著，如此難得的景致讓我想起仁愛鄉的石城谷來。石城谷地處濁水溪中上游的良久峽谷中，當地的溪谷兩岸奇岩兀立，而且綿延約二公里，景色十分壯觀，因此也被戲稱為「萬里長城」，是許多玩家非常嚮往的自然奇景。

　　雖然不如石城谷的那般壯闊，但是在觀音隧道旁的那處南港溪仍然很有看頭，由於溪水與岩石的樣貌多變，所以展現出令人著迷的山水景色；不過就在歡然之餘，我的心情其實還有著更多的意外，因為那處溪谷就在埔里與國姓的交界處，並不是荒山僻谷難以抵達的地

溪畔的岩塊上方長著一株醒目的樹木。

方，然而那處美麗的溪岩水流我卻全然陌生，以致造訪的當下，心情是驚喜萬分。

　　從那處岩盤繼續往下探訪，在溪流的左邊有一脈的岩牆，在岩縫間還流出紅色的水泉來，如血液般顯得觸目驚心，那是岩石中的鐵質遭氧化所造成的景象吧。離開那處岩牆之後，水流變得平緩，可以讓人輕鬆愉快地涉水行走，不過若是在雨季造訪，恐怕就不容易渡溪了。不遠處的山巒下方是一大片裸露的岩壁，溪水在那裏因為受阻而右轉，山腳處還因為水流的長期沖刷而形成深潭，潭邊有人在拋網捕魚，與後方肌理分明的岩壁形成一種美麗的景象。

　　在山壁的前端有一塊突出如艦首的岩塊，上方長著一株漂亮的樹木，但是樹幹上卻掛著若干雜物及塑膠帶，那顯然是某次大水所造成的結果，但是樹木與溪床之間大約有 3 層樓高，因此不難想像，當時洪水暴漲的驚人聲勢。經過那處岩壁之後，我再次涉溪而過，而這時，我發現左邊的山壁上有一塊石頭猛然突出，當下我直接聯想起男人的陽具來，在台灣民間類似這樣的地景，通常都會被當作神祇來膜拜，作為求子的對象，但是當我走近才發現，那是一塊憑空橫出來的平台，彷彿有猴群在那裡歇息過，也彷彿是仙人盤

從岩壁上突出的一面岩塊，給人不同的聯想。

坐修練的地方，不過那枚石頭側面的紋路倒是很像鱷
魚的吻部，真是一塊有趣的石頭啊！

通過那塊突出的石頭之後，在溪床上就可以望見
山腰處的觀音一號隧道以及一段舊公路，而這時候，
溪水又開始洶湧起來，兩岸的石頭也益顯碩大猙獰，
或黑或白或黃的岩塊有的像哈巴狗、有的像獅子，有的
一路延伸、有的呈現方塊狀，真是精彩非常。在岩床中
還有一池積水，人一走近，眼前竟是群蛙縱水的畫面，
池中還有不少黑色的蝌蚪游竄著，那顯然是黑眶蟾蜍的
寶寶。而在水池旁的崖腳，還有一株榕樹從大塊的岩
縫中長出茂盛的枝葉來，給人一種充滿生命力的感動。

由於溪水洶湧，所以在當地已經無法渡溪，為了要
繼續往下探訪，我只好沿著溪邊的岩石或攀或爬而過。
在右側的山腰上是一段荒廢的舊公路，而左邊則是一

溪床中一塊狀似哈巴狗的白色岩石

國道 6 號埔里隧道口下方的溪床景色。

面陡峭的山壁，在山腳下有一脈傾斜的岩塊，規模是更勝之前；而不遠處，高聳的國道六號就從那面山壁鑿通而過，與當地奇美的溪谷相呼應著，營造出壯麗的景色來。

從觀音三號隧道口進入溪床，一直到國道六號埔里隧道口之間，全長大約一公里的南港溪，沿途不但奇岩怪石矗立，而且風景秀麗迷人，因此在陽光耀眼的 3 月上午，當我親自涉訪那段溪床之後，除了深感意外，心底其實還有滿滿的驚喜。

跨越在竹坑溪上的永福古橋，據說也是一座糯米橋。

竹坑口的驚喜

安全等級：**安全**
注意事項：**不建議探訪古橋**

民國 102 年 7 月 13 日蘇力颱風襲台，從媒體上得知，颱風為國姓鄉帶來驚人的雨量以及不小的傷害，2 週後，我心裏想，當地的溪水應該消退了吧，受創的產業道路也應該修護了才是，於是在七月底的假日上午，我專程前往國姓街東南方的竹坑，想去看看當地的溪澗與山林是否安

然無恙。

　　當天陽光亮麗著，從埔里前往國姓的途中，我一路隔著車窗四處張望，沿途的山林間是多了幾道土石崩塌過的痕跡，但是看起來似乎不太嚴重，不過當我轉進竹坑之後才發現，蘇力颱風對當地所造成的災情比我想像的還要嚴重。進入竹坑之後，路旁的水流依然清清淺淺，但是產業道路上到處可見土石清理過的痕跡，而且越是深入，災情是越見嚴重，或路基流失，或巨木橫倒，或土石崩塌，途中還遇見一輛挖土機正在道路上施工，使得我無法繼續前進，因此只好回頭離開。

　　永福橋是進入竹坑的必經之地，橋的另一頭可以通往柑林村的清德，而橋下則躲著一座拱形的舊石橋，聽說黏築石橋的原料也是使用糯米、黑糖及石灰，因此具有保存的歷史價值，所以永福新橋在建造時並沒有

矮仙丹上的美麗鳳蝶。

將舊橋給拆除,而是讓它依舊跨越在竹坑的溪谷上方,靜靜地看著歲月如流水般潺潺而逝,也看著自己漸漸地蒼老與衰敗吧。

永福橋頭有一座涼亭,周邊種著若干矮仙丹,豔紅的花色吸引許多鳳蝶前來覓食,那樣的畫面讓人覺得生機盎然、活力十足,要不是剛剛從柔腸寸斷的竹坑退出來,當地美麗的蝶與花會讓人有種錯覺,彷彿竹坑的山水依然美好,彷彿什麼事情都沒有發生過一樣。

離開永福橋,不遠處的溪岸有兩棟建築,分別是國姓鄉的消防隊及游泳池,每回路過當地我總會自然而然地想起已故的國姓大善人—莊永權先生,因為那兩棟建築物的完成都跟他有關。在民國88年的921地震中,國姓鄉原有的消防隊廳舍因為嚴重受損而無法使用,當時擔任義消顧問團長的莊永權,有鑑於消防隊是守護鄉民生命財產的重要機構,重建工作一刻也不能耽擱,於是自掏腰包用以拋磚引玉,加上匯集各界的力量,總計籌得400多萬元,於竹坑口購買四百坪的土地,並捐贈給消防隊使用。

另外,莊永權在擔任長流國小家長會長的期間,有一年暑假有3名學童到野溪游泳而不幸溺斃,為此,他一直希望地方上能夠擁有一座合格的游泳池,而這樣的念頭在民國98年終於有了具體的進展,因為莊永權自己花了600萬元買了一塊地捐給鄉公所,作為籌建鄉立游泳池使用,而莊永權的義舉後

已故的莊永權先生被當地民眾稱為國姓大善人。

委身在竹坑橋下的拱狀舊橋，顯得安靜陰森。

來也得到上級單位的肯定，因而同意補助硬體建設的經費，如今才讓國姓鄉擁有一座安全合格的游泳池。

所以在蘇力颱風過後造訪竹坑，儘管當地在風災中受創不輕，但是並沒有影響我對竹坑的好印象，因為在竹坑口，關於莊永權的善行與義舉，就如同當地的水流一樣，始終淙淙不歇。因為莊永權，讓竹坑口成為一處很有故事的地方。

從柑林村的國姓橋到國姓街的投 133 線的途中有一座竹坑橋，橋下就是潺潺湧流的竹坑溪水，平時從橋上經過的人車不少，但是知道橋下還有一座古橋的人，恐怕就不多了。在很早以前，舊竹坑橋是投 133 線上很危險的地點，橋窄路陡，以致事故不斷，因此經由地方民眾的陳情才得以拓寬改建，但是在新橋建造時舊橋並沒有被拆除，只是將兩邊的引道挖掉而已，於是時日一久遂隱身在新橋的下方，成為一則被遺忘的過往。

接近中午時分，我從竹坑橋的下游處進入溪床，準備前去探訪那座被人遺忘的古橋，但是就在橋樑的下

竹坑古橋的全貌，橋面長著幾株雀榕。

方，由於溪水積蓄成潭，潭邊還堆著一些爛泥，讓我無法繼續深入，只能斜斜地看見古橋拱著身驅，然後孤寂地委身在一片綠蔭當中，當時，陽光在谷外耀眼著，但是橋下卻顯得安靜與陰森。

在橋下張望的同時，我發現右邊的崖壁上有一條灌溉溝渠通過，但是可能是因為受損失修吧，溝渠裏並沒有水流，只是積著一些落葉與泥沙，於是意外地成為一條通道，讓我可以彎著腰、側著身地接近古橋。那條已經乾涸的溝渠從古橋邊通過，並且從竹坑新橋底下穿過，然後一路往上游的地方延伸過去，沒有水流的溝渠就如同沒有人車的古橋一樣，不但神情落寞而且是一臉滄桑。

佇立在竹坑橋下的溝渠上，古橋遂完整地呈現在我

竹坑橋與國姓橋之間的迷人小瀑。

眼前，拱形的橋身十分優美，橋上還長著幾株榕樹及若
干雜木，榕樹的氣根已經張牙舞爪地四處蔓延，並且向
上伸長出茂密的枝葉來，不但成為竹坑橋旁一片綠意盎
然的風景，也成為古橋位置的所在。因此，在蘇力颱風
過後造訪竹坑，儘管在幽靜的溪谷裏，我看見滿目瘡痍
的災後景象，但是在竹坑口我卻找到另一種驚喜，包括
莊永權的故事，也包括竹坑古橋的依然存在。

註：在竹坑橋與國姓橋之間的山壁，有一處迷人的小
四谷，岩壁極具紋理之美，而且還有三層的淙淙水流，
因而形成一處迷你的谷澗短瀑，但是知道的人似乎也不
多，因為很少看見有人會在當地停下來觀賞。

位於四角樹林下方的時雨瀑雖然動人，但是無路可以接近。

雨後，猴洞坑

安全等級：**安全**
注意事項：**大雨過後要小心落石**

　　從雙溪嘴循著北港溪往上，經過龍興吊橋之後，在左邊的山林間有一片裸露的岩壁，在大雨過後，便可以望見一道瀑布從岩壁間沖洩而下，從國姓街尾的加油站附近就可以清楚地看見。之前就曾經在雨季看過那道水瀑，但是卻一直苦無機會可以前去探訪，於是在 5 月梅雨過後的假日午後，我下定決心要去一探究竟，但是到達現場之後我

才發現，那處瀑布根本就沒有路可以靠近，就算要涉溪而過，也因為水游湍急而無法成行，因此，我最終只能在對岸遠遠地觀望。

無法如願去拜訪那處瀑布，心情難免有些失落，因此我只好退而求其次，轉往附近的猴洞坑繼續去尋幽探險，也彷彿唯有如此，我才能夠藉由猴洞坑的美麗山水，來消除心中的些許悵然。

猴洞坑位於猴洞坑溪的上游，海拔約 500 至 800 公尺，在很早以前，當地有一處天然岩洞，裏面住著一群猴子而得名。當時，山林間原始森林密佈，溪谷裏水潭處處、魚蝦豐富，是一處風景秀麗的人間仙境，但是後來因為地震及颱風豪雨的侵襲，使得猴洞坑發生山崩地滑、土石橫流的情況，自然環境遭受嚴重的破壞，因此當地居民為了進行山林復育與環境保護，於民國 90 年 11 月成立「猴洞坑自然資源保育會」，積極推動野溪整治、植

猴洞坑入口的溪流與岩壁。

猴洞坑瀑布是當地最有代表性的景點。

雨後，猴洞坑

123

可以眺望大橫屏山的望屏雙橋。

樹造林及環境美化等工作，以期將猴洞坑營造成一處結合休閒觀光與生態學習的園區。

雨後，天空陰霾著，猴洞坑雖然潮濕但卻悶熱異常，因此循溪而上，便成了一種清涼的選擇。在猴洞坑入口的仙峰橋旁，一座山巒剛好擋在溪水的轉彎處，因此面臨水流長期的沖刷，於是不斷地崩坍成一面垂直岩壁，頗有中橫太魯閣的況味，因而成為猴洞坑美麗的起點。

循溪而上，在鹿寮下方的瀑布是不能錯過的景點，因為當地的岩床突然陡落，使得溪水從岩塊上方沖洩而下，因而形成一處壯觀的水瀑，尤其在雨後造訪是更具聲勢。但是那處瀑布由於岩壁陡峭，加上下方有深潭阻隔，因此無法繼溯溪而上，我只好爬上左側的邊坡，

在猴洞坑，山路上處處可見巨石矗立的景象。

然後穿過一塊苗圃、一條棧站以及一處觀景平台，接著回到出入猴洞坑的山徑道路上。

依著山路而上，通過鹿寮之後，前方的路旁有一面地圖，而右側則是兩座跨越在溪谷上方的吊橋，那是「望屏橋」，顧名思義就是可以望見大橫屏山的橋樑，因此佇立在橋上，我除了望見遠方的山脈，也看見下方溪谷裏的潺潺水流。兩座吊橋下方的溪谷其一為人工設施，另一則保持原始自然，儘管形態有所不同，但是在雨後同樣水流洶湧，尤其是有施設攔沙壩的那條溪流，一道道的短瀑階階相連，倒也形成十分迷人的景象。

猴洞坑在成立保育會之後，陸陸續續得到農委會水保局、勞委會、南投縣政府及國姓鄉公所的協助，逐步完成攔砂壩、停車場、休憩涼亭、登山步道、親水步道

等設施。因此一路深入，到處可見完善的設施，提供給遊客一種友善的旅遊環境，但是在如此自然優美的山林間，所謂的人工設施，有時候往往會成為一種不必要的干擾。

繼續往上，途中有一枚巨石矗立在叉路口，而且岩石表面還爬滿著苔蘚，加上兩旁的林樹交錯遮天，於是鋪陳出一大片的綠意陰涼，在悶熱的午後，那樣的場景顯得特別誘人，因此讓我駐足歇息一會兒。其實整個猴洞坑，不管是在山林或是溪谷，到處可見巨石的蹤跡，顯見當地的地質並不是很穩定，因此在路旁四處可見若干告示牌，提醒遊客在地震或是大雨過後，進入猴洞坑要注意安全。

通過那枚巨石，在一號橋頭，有一面前往鹿堀瀑布的指標引起我的興趣，因此我沒有循著山路繼續深入探訪或是前往大橫屏山，而是轉往左邊的山林；經過一段陡坡，前方的路口有一面爬滿苔蘚的水泥邊坡，往左是前往邱家庄，而往右則是前往鹿堀瀑布。那面邊坡的苔蘚長得漂亮極了，綿密均勻有如地毯一般，讓人忍不住伸手去觸摸，果然濕涼舒服。其實在苔蘚表面有人刻劃著幾個字，包括「慢」「佛」及「卍」等等，然而隨著苔蘚的恣意滋長，那些字跡早已經模糊難辨了。

我先轉往邱家庄去逛逛，那是一處邱姓的客家聚落，古樸的房舍就座落在邊坡的上方，周遭林樹密佈，環境自然清幽，而且房子相依互偎，形成一種緊密團結的氛圍，儘管仍有不少村民居住其中，但是在我造訪的當下卻顯得十分安靜，一點聲響也沒有，宛如整個聚落都還沉浸在午睡當中，即使是庭院裏的狗兒發現我的蹤

在邱家莊的下方，有一面長滿苔蘚的水泥邊坡。　猴洞坑清幽原始的溪澗一景。

跡，也只是狂吠幾聲，接著便靜靜地瞪著我看，彷彿再吠下去，便會破壞了某種美好的氣氛。

　　離開邱家庄，我回到長滿苔蘚的那面邊坡旁的路口，準備前往鹿埕瀑布，但是就在我走入林道之後，原本陰霾的天空竟然開始下起雨來，而且有越下越大的趨勢，幾經考慮，我還是從林道裏退了出來，因此，在大橫屏山下的猴洞坑，我還有許多地方尚未到達，因此日後勢必還要擇期再訪，包括鹿埕瀑布。

在猴洞坑，遇見鹿埤瀑布的指標。

鹿埤尋瀑

安全等級：**安全**
注意事項：**建議結伴同行**

　　5月的時候，原本要去龍興吊橋附近尋瀑，但是因為溪水湍急加上無路可達，我只好轉往附近的猴洞坑繼續去尋幽探秘。當時，梅雨才剛過，猴洞坑不但潮濕而且綠意盎然，因此在那處寧靜的山林間，我遇見了許多美麗的風景，而且還意外地發現「鹿埤瀑布」的指標，原本想去一探究竟的，但是後來卻因為大雨驟來而作罷。

　　6月，陽光一直很惡毒，加上午後常有雷雨發生，因此想去鹿埤尋瀑的計畫被迫一延再延，直到6月底，一個

天空非常亮藍的假日，一個看似不會下雨的午後傍晚，我才決定前去鹿塭尋瀑，隨行的還有妻子與兒子。

抵達國姓時，太陽還興高采烈地掛在天空，完全沒有要下山的樣子，但是當我們進入猴洞坑，斜射的陽光已經被大橫屏山阻擋在外，因此山徑上顯得幽靜陰沉，然而儘管如此，山林間依然感受不到絲毫的舒涼，陽光的餘威顯然還沒有完全退散，就如同在林間大聲傳盪的蟬鳴一樣，熱情得讓人印象深刻。

不清楚前往鹿塭瀑布的路況如何？因此基於安全，我們將車子停在路口較寬敞的地方，然後開始徒步去造訪。剛剛進入山徑，有幾處地勢較低的路面積著水，於是被路過的車輛給輾出一灘爛泥，而且令人意外的是，在那灘爛泥中竟然躲著不少澤蛙的幼蛙，人一走近便紛紛地逃竄開來。看來，之前有母蛙在山徑的低窪處產卵，加上這些日子持續的雨水，讓蛙卵能夠順利地孵化成蝌蚪甚至是幼蛙。

繼續深入，山徑的路面或呈碎石狀或鋪水泥，而且有些地方急轉陡昇，加上部份路面有被水流沖刷成溝的痕跡，甚至是長滿野草或是崩塌，因此棄車徒步看來是正確的選擇，但是在如此悶熱的山林間行走，氣喘噓噓、汗流浹背就與震天價響的蟬鳴一樣，始終一路糾纏，於是為了拍攝路旁的岩壁、野花以及美麗的昆蟲，便成為我們停下腳步的藉口，因此我們是一路走走停停。

沒有很遠的距離，我們在山徑的左側發現水瀑的蹤影，那是一處小凹谷，亂石堆疊、植物蔓長，因而形成一片荒蕪的景象，而在凹谷的盡頭以及右側的崖壁

山路上一灘爛泥，竟然躲著許多小蛙。

上，分別有一道短瀑沖下，進而在空氣中漫起一大片的清涼，因此讓我們逗留許久，然而那並不是鹿堀瀑布，那是舊稱「觀音水」的山澗，山腰處原本有一小祠，但是在某次颱風豪雨中遭土石沖毀，如今水瀑依舊潺潺，但是景物已非。

離開觀音水，我們在山路上繼續狼狽不堪，爬上一處陡坡，左側的台地上有一片園圃，種著若干水果與蔬菜，路旁還停著一部四輪傳動的車輛，在如此荒僻的地方仍有人為的開墾，讓我有些意外。而這時，隔著山路旁的林樹縫隙，也隔著一道深谷，我們望見右側的上方有一大片裸露的岩壁，隱約還可以看見岩壁上有水流的痕跡，在猴洞坑的指標地圖上曾經看過鹿堀瀑布的相片，因此我知道，那就是我們要探訪的目標，但是問題來了，四處張望，我並沒有發現任何可以靠近那處岩壁的小徑，因此繼續循著山徑往上，便成了我們唯一的選擇。

山徑越是深入越見荒涼，其中甚至還有若干路面被長長的野草給盤據住，害得我們在通過之後褲管盡是鬼

針草的刺果，那是一種討厭的糾纏，但是更讓人討厭的是，循著山徑不斷地盤旋爬昇，我們始終沒有再看見那片裸露的岩壁，因此讓我們有一種離鹿堀瀑布越來越遠的感覺。然而儘管如此，我們仍然沒有放棄，仍然選擇繼續前進，彷彿在林道的轉彎處，清涼的水瀑正等著我們。

前往鹿堀瀑布途中的山徑與岩壁。

果然！就在穿過一段長滿野草而且完全看不見路面的山徑之後，我們遇見了兩道水澗從左側流出，而山徑下方的深谷則是傾斜的岩壁及壯碩的岩塊，看來我們意外地走到鹿堀瀑布的上頭，在山徑途中所望見的裸露岩壁就在下方，但是凹谷深邃，加上沒有路可以下探，因此我只能站在山徑上去想像屬於鹿堀瀑布的壯闊或是

舊稱觀音水的一處瀑布谷澗。

柔美；一路的氣喘噓噓與汗流浹背，換來的竟然只是想像而無法親近，這樣的結果當然讓人有些氣餒與失望，於是我只好轉往左側的水澗，企圖從那兩處水流中去獲得一些補償。

那兩道水澗，其一來自攔沙壩，細細的水流就從壩頂沖下，並且在下方滋潤出一片茂密的綠草，淙淙的水

位於鹿堀瀑布處的傾斜山谷及岩壁。　　　山路上方的一處岩壁與水流。

　　流則漫過路面，然後往下方的凹谷急急奔流。至於另一處水澗則顯得原始許多，從上方被沖出的沙石就堆聚在路旁，並長著比人還高的菅芒，於是形成一種巧妙的阻隔。我從草叢間鑽入，眼前赫然是一面灰色的傾斜岩壁，一道細流輕快地從岩面流洩而下，並且在下方形成淺潭，雖然規模小得可憐，但是至少還有水瀑的樣子。

　　我爬上傾斜的岩壁，企圖在上方的谷澗裏尋找更多可能的驚喜，但是幽暗的山谷裏景色普通，除了綠苔滋生、水流潺潺之外，竟然還有幾道小型的攔沙壩，水泥的壩體在無人荒涼的山林間顯得十分突兀，甚至是醜陋吧，於是一時之間我忽然覺得，造訪鹿堀瀑布的過程，越是深入越是讓人失望，於是我忽然想念起途中的觀音水，儘管規模不大，但是與鹿堀瀑布相比較，至少是易於親近而且有模有樣。

座落在石頭上的土地公廟。

繽紛的溪谷

安全等級：**安全**
注意事項：**大雨過後要小心溪水暴漲**

　　繽紛可以是顏色，也可以是聲音。五月，油桐花已經在國姓鄉的山林間掀起了一大片一大片迷人的花白，那是屬於初夏最動人的表情；於是在溪流溯訪的途中，不經意的抬頭張望，總能輕易地看見油桐花熱鬧繽紛的身影，在歡然的情

緒裏蹦然綻放。

　　在石門村第二鄰有一間座落在巨石上的土地公廟，形態十分奇特，在國姓鄉文史采風協會所出版的《斯土有情》─國姓鄉土地公廟專輯一書中，有以下的文字記載：

　　位於石門村小岸口，陳月仔家後方的大石頭上，該土地公原本座落於大岸口，在民國48年發生八七水災後才遷建於此。……整座廟建於大石頭上，相當特殊，廟的後方也是大石頭，連廟前的階梯也是在石頭上硬鑿出來的，共有23階，另外石板階有13階，廟後方有一棵櫸木，約有七、八十年的樹齡，相當壯碩。

　　在土地公廟旁，有大岸溪與小岸溪匯入北港溪中，溪水匯流處的溪床上有一大片壯碩的岩塊，渾然天成、

形態多變，極具特色，根據地形的樣貌來判斷，那應該與土地公廟下方的岩石是相連的，但是後來可能是因為道路的開通才一分為二，因此不難想像，在道路還沒開通之前，當地奇岩怪石的景象應該會比現在還來得壯闊。

　　五月，一個下著細雨的上午，我在大、小岸溪匯入北港溪的溪床上溯訪，在溪谷兩側的山林中，油

溪床上壯碩的岩塊，遠方是土地公廟及油桐花開的山林。

岩床上橙紅色的水窪。

儘管北港溪的水流洶湧，但是仍然擋不住賞鳥人的熱情。

桐的白花已經喧嚷綻放了，而且還在濕雨中糊成一種溫柔的表情。前些日子持續的梅雨讓眼前的水流顯得十分洶湧，但是那並不影響我在溪床上的行動，因為雨不大，而且還有潮濕的溪床與岩塊可以讓我行走，於是穿著雨鞋、披著雨衣，我在細雨的陪伴下，與北港溪進行一次濕淋淋的對話。

進入溪谷之後，眼前的景色讓我有些意外，甚至是驚喜，因為在潮濕的沙石間有好幾條橙紅色的水流，從岩縫間漫流成醒目的線條與水窪，而且在岩石表面還冒出許多黃色或是白色的結晶物，看來當地應該蘊藏著若干的礦物吧，因為水流的沖刷而被帶出地表，於是在溪床上形成十分另類的畫面，加上當地的岩塊本來就色澤豐富，或黑、或白、或褐、或黃、或綠，於是將潮濕的溪床點綴得份外有趣與繽紛。

通過那處顏色多樣的溪床，繼續往那片壯碩的岩塊前進，途中，大、小岸溪清澈的水流就從左邊匯入，與北港溪的混濁洶湧形成強烈的對比；我涉溪而過，突然發現右側的溪床上有人拿著望眼鏡正在張望對岸的山林，是在賞鳥吧？而這樣的念頭才一起，我驟然聽見悅耳的鳥鳴就從轟隆的水聲中穿越而來，而且是此起彼落的那種，原來在對岸的山林間除了有白色的油桐花，還有繽紛的聲音，給人一種既熱鬧又愉悅的感受。

我沒有驚擾那位賞鳥的民眾，悄悄地走過臨水的溪床，但是在那片岩床的下方，北港溪的水流已經將整個溪床給淹沒，讓人無法繼續循著溪床前進，迫使得我必須爬上一旁的岩塊，不過這樣的阻礙卻讓我意外地發現岩床上不同的風景；佇立在高處，當地的溪谷完整地呈現在眼前，北港溪的水流從上游處彎彎地湧來，然後一

從岩塊下方張望北港溪的溪谷。

路激動地往下游狂奔，而對岸的岩塊不是猙獰就是光滑，甚至還有一大片近似粉紅色的岩床，讓人眼睛爲之一亮，至於腳底下綿延的岩塊則起起落落，鋪陳出一種壯麗的景觀，部份低窪處還積著水，於是有如眼睛一般，靜靜地望著陰霾的天空，也望著屬於溪谷不斷更遞的滄桑歲月吧。

溪流的兩岸岩床呈現出繽紛的色澤。

民國 69 年，經濟部水利署爲了因應大台中及彰化地區未來的用水需求，開始規畫要在烏溪興建國姓水庫、雙溪嘴攔河堰及建民水庫等水利工程，並且在 73 年 6 月完成規畫，但是在 88 年的 921 地震後，由於建民水庫的預定地（註）位於車籠埔斷層帶，根本就不適合興建水庫，加上水庫附近民眾的持續抗爭，使得整個計畫終於在 91 年 3 月正式取消。

當年，計畫要興建國姓水庫的地點就在國姓鄉石門村的石門峽谷，也就是我眼前岩塊累累而且繽紛的溪床，如果當初的計畫沒有取消，如果水庫已經興建，屬於北港溪與大、小岸溪匯流處的美景應該就已經被淹沒，而一併跟著消失的恐怕還有附近居民的房舍、田地與生活吧。因此，在細雨不斷的溪谷中，我遇見繽紛的顏色與聲音，也目睹岩床的壯闊與瑰麗，另外還看見在人類所謂的建設下，自然環境無助與危脆的種種可能。

註：建民水庫位於烏溪流域大里溪支流草湖溪上游的竹仔坑，地處台中市太平區的範圍。

繽紛的溪谷

137

本書作者的水墨作品（糯米橋）。

糯米橋與湧泉

安全等級：**安全**
注意事項：**無**

　　跨越在北港溪上方的糯米橋，建造於日治昭和 15 年
（西元 1940 年），當時是日人爲了要運送北港溪上游的
木材，基於交通上的需要所建造，橋身所使用的石塊乃就
地取材，從附近的埔尾一帶運來，並且依照橋樑的形狀將
石塊打造出所需的角度及斜面，然後堆砌而成。雖然歷經
多次的嚴重水患，包括民國 48 年的八七水災、59 年的豪
雨大水、83 年的道格颱風等等，洪水夾帶大量的巨木與滾

石而下，而且還多次淹過橋身、沖毀部份橋面，但是糯米橋至今依然屹立不搖，顯見其堅固。

在建造糯米橋時，據說水泥是一種十分缺乏而且昂貴的材料，所以在當地傳言，早期先民是利用糯米混合石灰及紅糖等物質，作為黏築石塊的原料，因此才有「糯米橋」之稱。該橋的橋寬 5 公尺，高約 20 公尺，橋長 53 公尺，橋面由 3 座橢圓的橋柱所支撐著，於是形成四孔之拱狀石橋，形態既雄偉又典雅，極具造型之美，因此在地方上以糯米橋為主題的畫作、藝品頗多。

座落於北港溪上的糯米石橋，於民國 83 年由內政部正式公告為台閩地區的三級古蹟（現稱為縣定古蹟），不但是國姓鄉內唯一的古蹟建築，而且也是台灣地區唯一的橋樑古蹟，顯見其珍貴，目前，國姓鄉公所的鄉徽中就有糯米橋的圖案，因此不難理解糯米橋對國姓鄉的重要性，它其實不單單只是一座橋樑而已，它也是國姓鄉最有代表性的一處文化地標。

仲夏 7 月，在大雨過後的假日上午，糯米橋下的水流是洶湧的，因此空氣中迴盪著轟隆的水聲，讓人們的心情也跟著激昂起來。在橋的北岸有幾棵榕樹，呵護著一條帶狀的陰

大雨過後，在糯米橋頭的岩壁上有水流沖洩的畫面。

涼，我喜歡從那裡往橋的方向張望，總覺得那是糯米橋最美的一個角度，我甚至還畫過幾張糯米橋的水墨作品呢。除了榕樹，北岸還有一面小山壁，上方長著一些刺竹與雜木，雨季時，山壁上還會有一道水流沖洩而下，雖然還稱不上瀑布的架勢及樣貌，但是已經足夠讓山壁潮濕著，進而滋生出一大片美麗的苔蘚植物。

　　民國 88 年的 921 地震後，咖啡開始成為國姓鄉的特色產業之一，種植面積目前已經超過 150 公頃，是全省咖啡產量最高的鄉鎮。國姓鄉公所為推廣當地的咖啡產業，與縣政府及咖啡農經過多年的努力，於 2013 年6 月 1 日終於獲得國姓咖啡產地的認證標章，成為全省首先擁有產地標章的台灣咖啡產區，其標章中也也有糯

糯米橋的現況

插滿水管的水井。　　　　　　　　擺滿抽水馬達的小寮屋。

米橋的圖案。在糯米橋的橋頭及附近分別有幾間咖啡館，儘管空間與風格有所不同，但是主人的熱情與咖啡的香醇並沒有兩樣，於是提供給遊客在造訪糯米橋時另一種品味國姓的機會，屬於香醇與再三回味的那種。

　　從糯米橋往上，大約百來公尺的地方，在北港派出所旁的某戶民宅後方有一口湧泉，緊臨著北港溪岸，而且水流終年清澈不絕，然而很可惜，那口沒有名字的水泉剛好位於馬路的下方，地點有點隱密，除非是刻意去尋找，不然一般的遊客是不容易發現的。

　　根據附近的居民表示，那處湧泉在先民到達北港村開墾時就已經存在了，而且始終未曾枯竭過，即便是乾旱的季節也一樣，而唯一的例外是民國 88 年的 921 地震後，湧泉曾經短暫停水，但是隔沒多久，泉水又恢復湧出。其實，那處湧泉也是附近居民的生活用水的來源之一，因此在湧泉處構築有一座水井，井中插滿著水管，一旁還有一間安置著數十具抽水馬達的水泥寮屋，

雖然顯得零亂，但是卻也形成十分壯觀的奇特畫面，令人印象深刻。

除了提供附近居民生活使用，那處湧泉也是附近婦女洗衣聊天的地方，目前在湧泉旁搭有一座鐵製的棚架，棚架下方就是一處開放式的洗衣空間，湧流而出的泉水在那裡被人們刻意地圍聚成一方水池，池岸還斜擺著幾塊石片，於是鄰里間的種種訊息便隨著水流在那裡傳盪開來。因此可以想像，在晨昏之際，那處湧泉旁應該是熱鬧和歡悅的，雖然隨著社會的進步，家家戶戶都已經有了洗衣機，因此到棚下洗衣的婦人應該不再熱絡如昔，但是那一池水光及池邊的幾枚石頭，仍然讓人清楚地感受到屬於鄉下地方特有的簡樸和敦厚。

從糯米橋到湧泉，從備受矚目到安靜無爭，北港溪在這一段短短的距離中呈現出十分精彩的人文風情；因此將腳步慢下來，造訪糯米橋就將不再只是賞景或是喝喝咖啡而已，就如同拜訪國姓鄉一樣，在不同的季節、不同的地點，當地的山水與人文必然會給我們許多的感動。

溪岩上的螃蟹。

冬訪五棚坑

安全等級：**安全**
注意事項：**無**

　　五棚坑在國姓鄉的北港村，是屬於北港溪的支流溪谷，當地並沒有特別壯麗的風景，也沒有悽美感人的故事，有的只是鄉間山區很常見的一種小山小水而已，然而儘管如此，我卻對當地清幽的環境有著一份特別的好感，因此在開暇的假日，五棚坑常常會成為我們全家去郊遊或是戲水的選擇之一。

　　糯米橋是國姓鄉北港村知名的地標，而且也是國姓鄉最具代表性的景點，因此常常會有遊客慕名而訪；除此之外，

雨後積水的岩面上，倒映著梅樹的美麗景象。

當地其實也是前往五棚坑的入口，因為從糯米橋的北岸橋頭爬坡而上，接著直行之後第二個叉路左轉，途中會遇見右側的溪谷上方有一座供灌溉圳水通過的水橋，以及一座自行車專用的紅色護欄的橋樑，這時就表示五棚坑到了。

在水橋附近有幾戶住家，住家旁有幾株梅樹，因此在白花怒放的寒冬時分，五棚坑除了原有的山水清幽之外，還會增添一種迷人的浪漫氣氛，所以在梅花盛開的季節造訪五棚坑，不但是一種必要，而且也是我們全家一種輕鬆適意的幸福選擇。

民國 102 年的元月上旬，聽說國姓鄉北港村一帶的梅花已經盛開了，因此我們毫不遲疑，一到假日便專程前往賞花，但是很不巧，當天卻是一個細雨紛飛的日子，不過那並不妨礙我們出遊的興致，因為在迷濛的霧嵐中，梅花是更顯清新脫俗，而且還因為樹下的積水，讓我們意外地看見梅樹倒影的絕美景象。

每年梅花盛開的季節，我們全家都會到國姓鄉去賞

孩子在溪床上堆沙玩水。　　　風化的岩床與平靜的水潭，營造出迷人的畫面。

花，地點包括北港村、九份二山以及種瓜路等地，那彷
彿是一種不能違背的誓盟般，時間一到我們便必須趕
赴國姓，然後在山水之間與梅花進行一場美麗的對話。
而在五棚坑，梅花因為有山水的襯托而顯得更加嬌美，
當地的溪谷也因為梅花的綻放而增添許多浪漫，於是成
為我們每年都要去造訪的賞花地點。

　　經過水橋之後，山路接著轉彎陡降，五棚坑的水流
就在右側潺潺地流著，冬雨本來就不大，甚至還似有若
無，因此溪流不見湍急洶湧，依然是印象中溫溫柔柔的
模樣。繼續前行，在一處叉路口，我們停車然後進入
溪床，接著往上游處溯訪，大約一百公尺左右的距離，
溪床因為陡落而形成一處短瀑，那是我們造訪五棚坑一
定要去的地點，因為在短瀑下方有一窪淺潭，那是我們
野餐或是戲水的私房景點。

　　冬雨中，那處短瀑顯得瘦弱而且易於親近，就連下
方的水潭也不例外，於是使得一旁風化嚴重的溪岩大面
積地裸露出來，那是融合猙獰與奇美的一種風景，與平

靜的淺潭形成強烈的對比。我們就在溪邊野餐逗留，而一旁的水潭因為清澈見底，於是大量的溪魚遂在眼前自在地游竄著，另外，蝦蟹的數量也不少，顯見當地的生態十分精彩而且充滿野趣；而這時，本來就不大的細雨似乎停了，取而代之的是淡淡的霧嵐在山林間飄浮著，讓五棚坑充滿著一種迷濛之美。

　　因為霧嵐彌漫，於是在張望的過程中，五棚坑的山水已不再清晰鮮明，反而糊成一種漠楞楞的景象，於是給人一種想像與好奇？心裏想著，在迷霧的深處，在溪谷的盡頭，會是什麼樣的光景呢？會有更多的飛瀑與水潭嗎？還是處處怪岩與野花遍野？然而光靠想像根本就無法體會五棚坑的精彩，深入探訪才是正途吧，譬如在五棚坑西側的山谷中，就有一處以專門飼養鯛魚的休閒山莊，之前曾經多次跟朋友在那裡用過餐，對於當地鯛魚的美味一直念念不忘呢，為此我還曾經寫過一篇文章〈蘋婆樹下的幸福〉，文中有以下的文字：

雨後，霧嵐彌漫的五棚坑。

……山莊的老闆遂開始上菜，這時我才明白，原來蘋婆樹下那方簡單的桌椅是我們用餐的地方，沒有佈置與裝潢，簡單得沒有心機、沒有遮掩，也簡單得教人明白，美食才是此行的目的，就算席地而坐也是一種享受吧，原來！所謂的奢華在山中是多餘的。

　　坐在山風微涼的蘋婆樹下，沒有拘束、沒有矜持，於是在用餐的過程中，我們可以四處張望、可以大聲說笑，因而惹得白雲在山頭觀望，也使得溪澗在一旁搖旗吶喊，彷彿吃飯就像遊戲一樣，不必講究，也無需客套，於是在安靜與自在的山谷裏，蘋婆樹下的鯛魚有一種濃濃的幸福。

　　或許，屬於那處山莊與鯛魚的美好回憶，也是我對五棚坑特別有好感的原因之一吧。因此儘管冬雨濕冷，但是卻完全不影響我們造訪當地的好心情，因為在五棚坑，梅花、溪流、短瀑、水潭、霧嵐、魚群以及蝦蟹等等，都跟那處山莊的鯛魚一樣，給我們許多美好的回味。

冬天的五棚坑擁有清澈如鏡的水域。

越是深入五棚坑，景色越是秀麗。

深入五棚坑

安全等級：**安全**
注意事項：**大雨過後要小心路況**

　　服務於國姓鄉電信局的阿芳曾經告訴我，有一回他前往五棚坑幫民眾維修電話，途中因為道路施工以致車輛無法進入，在不得已的情況下只好徒步前往，不料！卻在途中遇見一群數量頗多的野生獼猴，就在岩壁上方的樹林間虎視眈眈著，讓阿芳緊張不已，幸好後來平安無事，不過卻也因為阿芳這樣的際遇和描述，讓我對於五棚坑有著更多

一路深入，巨石與淺潭相輝映的美景處處可見。

的期待與想像。

　　其實，對於五棚坑我並不陌生，但是我過去所認知的五棚坑主要在於下游的地方，也就是跨谷水橋至富元山莊之間的區域，由於溪床與山路之間沒有太大的落差，加上水流平緩讓人易於親近，因此成為一般遊客親近五棚坑山水的最佳選擇。

　　然而每回在那處溪床上野餐或是戲水的同時，我也常常會望著溪谷的深處而想像著，在五棚坑的上游是否還有水瀑深潭、奇岩怪石或是珍花異草？但是除了想像之外，我並沒有很積極地想要深入去探訪，直到阿芳告訴我他在五棚坑遇見猴群的經過，才讓我興起想要深入五棚坑的念頭，想要去體會被猴群怒目相向的緊張。

　　初春的假日，天氣微涼，五棚坑儘管沒有戲水的訪客，但是水流依然淙淙，我驅車一路深入，經過通往富元山莊的叉路口之後，往右爬上一段緩坡，前方的溪床顯得較為寬廣，溪石累累的溪床上則長滿著各種雜草，

因此看不見水流，只看見荒蕪的景象。但是沒有很遠的距離，當兩邊的山巒慢慢地靠了過來，溪谷的景色遂有了明顯的改變，而且在山路的左側，我還遇見一條涓涓細流從山谷裏淌出，同時漫過表面風化的岩塊，以一種傾斜之姿匯入五棚坑溪，如果在夏季豪雨過後，當地應該會有相當聲勢的水瀑景致才是。

再往前，山路兩側還有幾戶住宅，然而接下來的路程，因為山林的步步逼近，使得溪谷顯得十分狹窄，山路就與溪流只好緊緊地相依著，途中甚至有好幾個地方，山路必須直接穿過溪床與水流，因此不難想像，在雨季或是颱風過後，當地的出入勢必會充滿險阻。而這時，我開始去關注兩旁的崖壁或是樹稍，看看有沒有猴群出現，因為我好期待能夠跟阿芳一樣，在荒僻的五棚坑跟猴群對看。

一路深入五棚坑，沿途的溪谷美景不斷，或巨石盤據、或短瀑激流、或水潭清澈、或野花恣長，因此吸引

壯碩的岩塊襯托出
水流的溫柔。

著我不斷地停下車來拍照，其中我還親自走入幾段溪床中，用實際的溯訪來感受當地山水的奇美，於是就在這樣的過程中，我終於遇見猴了了；在崖壁上的林間怪吼怪叫，還用力地搖晃枝葉來虛張聲勢，可惜數量並不多，讓人有點小失望，不過我後來倒是在溪谷裏的石頭上發現許多猴子的排糞，看來猴群經常會下探到溪谷裏飲水歇息，遺憾的是，我並沒有看見這樣的畫面。

　　其實，阿芳除了告訴我遇見猴群的經過之外，還告訴我在五棚坑的盡頭住著一位黃先生，單獨一人在谷底養羊。住在如此荒僻的深山谷底，除了要應付猴群的虎視眈眈，還要面對交通的不便以及山居的孤寂，光是想像就讓人佩服而且充滿好奇，因此沿著溪澗旁的山徑我繼續深入，打算要去拜訪那位村民。山徑的盡頭果然有一棟房舍，庭院裏花木扶疏、環境清幽，而且清淺的溪

溪水漫淹道間，什大雨過後出入必然不方便。

清清淺淺，平平靜靜的水坑，是五棚坑最自然的表情。

水還從左側的山腳彎彎地流過，給人一種世外桃源般的感受；另外，讓我印象深刻的還有，房舍牆外掛著一箱喇叭，正響亮地傳盪出 50 年代的優美歌曲。

我將車子停妥，屋內有一老農走出，他關心地問我是否走錯路？對方沒想到我的回答竟然是：「阿桑，我是專程來拜訪您的。」一時之間，他的臉上有些意外和疑惑的表情，經過我說明來意之後，熱誠的笑容才在他臉上綻放，於是邀請我入內歇座，還泡咖啡請我喝，真是讓我受寵若驚。

經過一陣閒聊，我才知道黃先生已經 75 歲了，是彰化員林人，但是精神鑠鑠、動作靈活，完全看不出老態，可能是長期勞動與窩居山林有關吧，他在屋後飼養了 200 多頭的肉羊，平時光是照顧那些羊群就夠他操勞了，因此儘管只有獨自一人，但是生活其實沒有想像中

在五棚坑的盡頭，幽美的水潭已消失，只剩下堆砌的石壩。

的無聊與寂寞，不過在那麼荒僻的山區生活，家人不願意跟他住在一起是能理解的，因此他笑著對我說：「是我自己離家出走的」。

　　目前黃先生所擁有的土地原本是一位周先生所有，他在屋子後方的山谷中砌石築壩，於是讓山澗蓄積成兩處水潭，聽說風景極為秀麗，但是後來可能是經濟出了狀況，於是土地遭法院拍賣，黃先生當時就是看上那兩處水潭的幽美才會出資購地，但是後來因為上游土石的長期沉積，水潭早已消失，不過石壩還在，黃先生還特地帶我去參觀，但是當年的幽美早已經不存在，只剩下堅固的石砌壩堤以及從石縫間流出的涓涓澗水，然後緩緩地流洩成五棚坑一路的秀麗與迷人。

山芙蓉碩大的花朵。

山芙蓉，瀑布

安全等級：**安全**
注意事項：**不建議進入溪谷中**

　　國姓鄉丘陵遍佈，而且山勢普遍都不高，因此有模有樣的瀑布其實並不多，大多是一些時雨瀑或是無名的短瀑，因此終年水流不竭的芙蓉瀑布，遂成為國姓鄉最具有代表性的一處山水景致。

　　芙蓉瀑布位於北港村的阿冷坑中，昔日，溪谷中長著許

前往芙蓉瀑布途
中的攔沙壩飛瀑。

多野生的山芙蓉，在秋冬時分，碩大粉紅的花朵便會紛
紛地綻放，讓原本荒僻寧靜的溪谷一時之間變得份外繽
紛迷人，於是成為當地最有特色的植物之一，因此村民
們便將溪谷中的水瀑以「芙蓉」來稱之。

　　山芙蓉是錦葵科木槿屬的植物，為臺灣原生種，花
期大約在秋天，上午初開時花朵為白色，下午轉為粉
紅，黃昏凋謝前再轉為暗紅色，一日三變，因此被譽為
植物界的變臉高手，常見於臺灣中低海拔的山區野地。
因為溪谷裏有山芙蓉，因為山芙蓉的花期在秋天，所以
在仲夏過後、在天氣開始有些涼意的初秋時分，無疑是
造訪芙蓉瀑布的最佳時節；這時候，山芙蓉已經繽紛綻
放，而且溪谷裏的水流依舊豐沛洶湧，讓當地的山林溪
谷顯得生機盎然。

　　在阿冷坑中，除了水瀑、溪澗與山芙蓉，當地還有
一些零星的住家，或在山腳或在溪畔，與世無爭地守

著溪谷裏淙淙不歇的歲月，或許生活有些荒涼與孤寂，但是卻安靜適意得令人羨慕，那種一開門、一推窗就可以將自然美景納入的生活環境，是許多現代人渴望追求的夢想吧！儘管當前環境的惡化與改變，使得近山臨水的地方充滿各種可能的危險，但是對大自然的嚮往恐怕不會因此就被抹滅，就如同我對芙蓉瀑布的好感一樣。

芙蓉瀑布其實並不在溪澗的盡頭處，而是在溪谷中途的崖壁上，分為上下兩層，由於聲勢不算太大，因此瀑布顯得有些瘦長，是談不上壯觀或是雄偉的那種。而前往芙蓉瀑布的入口，是一處位於溪畔的小山丘，依照指示牌走進溪谷中，一開始是往下陡降的石階，兩旁是一些原生的樹種，雖不壯碩，但枝葉仍能交錯地撐起

下探芙蓉瀑布的梯道。

芙蓉瀑布從岩壁上沖洩而下。

從溪谷裏仰望芙蓉瀑布的全景

一片陰涼；而石階的盡頭則是一座築於溪谷上方的觀景平臺，在對面的崖壁上便是一脈清涼的芙蓉瀑布，當地雖然常有觀光客慕名造訪，但是地處偏遠，因此環境顯得十分清幽。

在觀景平台上，雖然安全方便、雖然瀑布就近在咫尺，但是不能進入溪谷裏戲水，不能體驗水氣清涼罩頂的舒服，總覺得少了些什麼？因此有人在平台邊綁一條繩索，讓人們可以小心翼翼地拉繩下探。在平台的下方，阿冷坑的水流是洶湧的，加上芙蓉瀑布的沖洩攪局，讓聲勢是更顯激昂，因此，進入平台下方的溪谷中，屬於阿冷坑與芙蓉瀑布的影像，一下子彷彿是更加清晰與深刻了。

在阿冷坑的出口，位於北港溪北岸的台地上，有一間充滿童趣與浪漫的房子，那是知名的「魔法咖啡」，主人在幾年前從鄉公所退休，在還沒開咖啡館之前我們就已經認識，當時我還曾經為他美麗的房子寫過一篇文章，其中有這麼一段文字：

男主人剛從鄉公所退休，因此留在家裏整理環境成了他目前主要的工作，於是種花、種樹，甚至是砌磚築牆，都是他生活中的一部份，而透過勞動，他找到更多的活力，也找到一種過去所沒有的成就感，那是一種來自對家庭與生活經營的喜樂吧。那間房子實在長得太可愛了，黃色的外牆，一根像洋蔥又像筆的的壁爐煙囪，加上有廣闊的庭園花草，讓房子充滿一種童話般的夢幻魅力，因此經常會引起路過的遊客的好奇，於是時常有人會停下車來詢問：「請問你們這裏有賣咖啡嗎？」或者是：「這裡是民宿嗎？我們可以投宿嗎？」因而鬧

出一些笑話來；有一回，房子的男主人與妻子在庭園裏拔草，正搞得一身髒，忽然有陌生人來訪：「請問可以參觀嗎？」夫妻倆瞧見彼此一身的狼狽，竟然不敢承認自己是主人，於是隨口胡扯：「沒關係，主人剛剛出去，你們可以隨便參觀。」言下之意，彷彿他們真的是主人雇來拔草的工人一樣，於是這樣的經驗遂成為朋友們閒聊時的一則趣談。

或許就是因為太多路人的好奇探詢，也或許是主人對咖啡的一份熱愛，讓他後來決定要開咖啡館，於是在住家旁增構一間同樣可愛迷人的小屋，然後開始賣起咖啡來，目前在網路上的人氣極旺，深受全省各地咖啡迷的青睞，如今不但是國姓鄉內知名的咖啡館，也是遊客造訪芙蓉瀑布時不能錯過的順遊景點。

北港村是國姓鄉要前往惠蓀林場與埔里大坪頂的必經之地，是鄉內另一處重要的交通要道，加上芙蓉瀑布附近還有糯米橋、碧雲宮、魔法咖啡、神仙島及北港溪溫泉等景點，於是吸引不少民宿及餐館在當地設立，與其他村落相較之下，北港村是顯得熱鬧與繁華許多，但是儘管如此，芙蓉瀑布顯然沒有因此就受到太大的影響，依然在阿冷坑中孤芳自賞地潺流著，屬於人世間的種種紛擾似乎也都與它無關。

座落於阿冷坑出口的魔法咖啡，擁有迷人的庭園與建築。

位於北港溪邊的北圳進水口。

北圳，岩壁

安全等級：安全
注意事項：無

　　發源於合歡山松嶺的北港溪是烏溪的上游，一路由東向西潺流，匯集了帖比倫溪、瑞岩溪、布布爾溪、合水溪、九仙溪、關刀溪及黃肉溪等支流之後，在泰雅渡假村附近進入國姓鄉的範圍，不但成為國姓鄉內主要的溪流之一，而且也成為當地重要的灌溉水源。

　　在仁愛鄉境內，北港溪為了穿越崇山峻嶺，是一路的蜿蜒激情與澎湃奔流，與兩旁的峭壁山林形成一種山水莽莽的

記載北圳建造過程的碑記。

原始景象，直到過了清流部落之後，水流才稍稍平緩了
下來，彷彿是累了、懶了，於是在佈滿石頭的寬闊溪床
上，水流儘管依舊潺潺作響，但是氣勢已經減弱許多。

　　國姓鄉北港村在民國 40 年至 60 年代，稻米生產面
積高達 390 公頃，是國姓鄉最大的米倉，當地之所以在
農業方面有如此傑出的表現，跟水圳的開鑿有很大的關
連。日治昭和 11 年（西元 1936 年），當地居民聘請東
勢林增富先生監工，並由台中林烈堂負責建造，於中原
部落附近開鑿水圳引北港溪水用以灌溉南岸梅子林一
帶的田地，是為南圳，圳長 7605 公尺，灌溉面積約 65
公頃。接著，在日治昭和 13 年（西元 1938 年），當地
居民再聘請埔里何萬圳先生監工，於今日泰雅渡假村
附近開挖水圳，用以灌溉北岸一帶的田地，稱為北圳，
圳長 6780 公尺，灌溉面積廣達 207 公頃。南北兩圳開
通之後，北港村的農業發展遂有了重大的改變，稻米與
甘蔗是當時最主要的作物，進而也帶動當地的農業發展
與經濟繁榮。

源自於北港村泰雅渡假村附近的北圳，是整個國姓鄉灌溉面積最大的一條水圳，其重要性難以取代，因此位於北港溪畔的取水口儘管曾經多次遭受大水的沖毀，但是水利單位總會在第一時間立即搶修維護，所以北圳的水流至今仍然在北港溪的北岸湧流不息，就如同一旁的北港溪水一樣，持續不斷地為國姓鄉的農業發展潺潺奉獻。

　　那是 7 月一個欲雨的午後，天氣悶熱著，造訪北港村的北圳時，一旁的北港溪顯得有些混濁與洶湧，那顯然是夏天午後常有的雷雨所造成，於是佇立在圳頭處，望著眼前的圳水往下游處滾滾狂奔，我的心情其實是有些感觸的。早期的先民們利用開渠引水的方式來灌溉廣闊的農田，那是善用自然資源的一種作為，但是山區

北圳附近有一面美麗多變的岩壁。

北圳，岩壁

縱列狀的岩壁與下方的水池，鋪陳出迷人的山水景色。

的溪水總是反覆多變，可能一次的豪雨大水就會讓水圳受創毀壞，因此為了確保水源的穩定，與大自然爭水的戲碼必然會在當地不斷地上演，那是一種既無奈又辛苦的選擇吧。

在北圳的源頭附近，靠近泰雅渡假村的地方有一片美麗的岩壁，而岩壁下方還積水成潭呢，於是形成十分美麗的山水景色，因此離開北圳的取水口之後，我們隨即轉往那處岩壁去探訪。在一旁的溪床上，有挖土機開挖過的痕跡，於是土石成堆、引水如溝，看來那應該是水利單位所為吧，目的是要將溪水引入北圳的源頭，因此儘管呈現出近似破壞環境的畫面，但是並不礙眼，而且也不減損那片岩壁的奇美。

岩壁在溪的北岸，肌理分明而且呈縱列狀，甚至表面還有幾何圖形的紋路，在滿佈卵石的溪床邊顯得十分顯目，加上岩壁下方有水泉湧出進而聚水成潭，靜靜地映著岩壁與上方的林樹，交融出十分迷人的畫面來，將岩石與柔水的美表現得淋漓盡致。在那片岩壁的盡頭處，有一座廢棄的水閘門，看來那應該是北圳之前的舊源頭，因為剛好面對著溪床，也面對著水流可能的正面衝擊吧，於是成為一種殘蹟、一種見證。

那片美麗的岩壁大約只有 50 公尺，其實並不長，再往上游延伸過去，景色就顯得普通而沒有特色，因此

岩壁角落有一處廢棄的水圳閘門。

　　我沒有溯行很遠便回到岩壁的下方歇息。因為當時天空儘管陰霾著，而且也沒有炙亮的陽光，但是天氣仍然悶熱得讓我一身濕汗，因此岩壁下方的蔭涼與水潭自然成為一種吸引，讓我樂於親近與逗留，甚至還想要下水戲泳一番呢。

　　在岩壁下方歇息時，耳際除了水流的轟隆之外，還隱約可以聽見一些歌唱與笑聲，那是來自泰雅渡假村的一份歡然吧，但是隔著一段距離，屬於遊客的喧嚷顯然已經構不成干擾，因為不管是北圳還是那片岩壁，在水流滾滾的北港溪畔始終沉穩淡定著，然後安安靜靜地面對屬於歲月的無情與種種遞換，我覺得，那才是北港溪最自然的容貌。

在金仔坑途中，有一面美麗的傾斜岩壁

金仔坑，緣溪行

安全等級：**安全**
注意事項：**不建議進入金礦洞中**

　　金仔坑在國姓鄉長福村的第 9 鄰，是一處人煙稀少而且環境十分優美的溪谷，從台 21 線的東福橋進入，大約 2 公里便可抵達，不過途中叉路不少，因此為了避免迷路，緣溪而行便成了一種必要的選擇。

提到緣溪而行，在陶淵明的《桃花源記》中有一段文字：「武陵人，捕魚為業，緣溪行，忘路之遠近。」金仔坑雖然沒有桃花源記中落英繽紛的桃花林，也沒有芳草鮮美、良田美池的景致，但是純樸清幽的山林美景倒是隨處可見，加上當地有先人淘金所遺留下來的金礦洞，因此使得金仔坑充滿著一種融合自然與歷史的迷人魅力，所以將它視為國姓鄉的私房秘境其實也不為過。

　　前往金仔坑探訪，那是一個有陽光的冬日上午，從台21線轉進產業道路之後，金仔坑溪就在左側清清淺淺地流著，沿途有幾戶零星的住家，但是卻不見任何人影，整個山村顯得十分安靜，於是使得山路旁大方綻放的非洲鳳仙，成為車窗外最招搖的風景。

　　進入山村之後不久，在溪的對岸有一間主祀觀世音菩薩的「天龍堂」，那是屬於齋教龍華派的道場，規模雖不大，建築也談不上雄偉壯觀，但是在僻靜的金仔坑，白牆黃瓦的天龍堂卻顯得十分醒目，想要視而不見都很難。繼續深入，途中有一處砂石場，而這時，隔著車窗我瞥見左側的溪谷裏有一片頗為壯觀的岩壁，以傾斜的姿態向上游處一路延伸，因此吸引我停下車來觀賞，但是我的停車卻也引來砂石場裏兩隻狗兒的不斷狂吠，把氣氛搞得很緊張，原來！金仔坑也有不安靜的時候啊。

位於台21線旁，前往金仔坑金礦洞的指引牌。

金仔坑，緣溪行

　　在砂石場附近有許多叉路，但是我仍然沿著溪邊的產業道路繼續深入。在途中一處叉路，路口有一座快被野草給掩蓋的休憩平台，一旁有一面由長福社區發展協會所製作的解說牌，其內容如下：

　　長福村金仔坑金礦坑，開採於日治大正十四年，據說當時曾經繁華一時，挖金及淘金的人很多，那時也有酒保及娛樂場所，當時交通不方便，日用品都由擔金工人挑進來，當時挑金出去都由日警全程戒護，是為特色的產業，如今成為歷史景點，其周邊的地形及景觀，可說是山明水秀，是渡假的好地方。（註）

 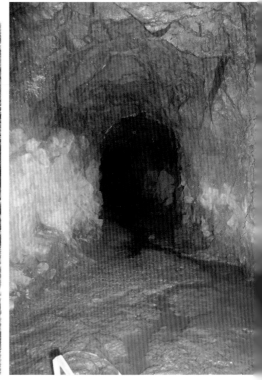

金礦洞當地的溪谷景色。　　　　　金礦洞內部有黃色的沉積物。

找到了解說牌，就表示金礦洞應該就在附近了，於是我停下車來四處張望，果然在一旁的溪谷中發現岩壁上有一小洞，而且從洞口到溪床之間的岩壁還呈現出橙紅的色澤來，那是某種礦物沉積所造成的吧，但是當地並沒有路階可以讓人走入溪谷，因此只好從一處坡度較緩的溪岸小心翼翼地進入，但是土石崩落的邊坡讓人必須手腳並用才能順利地「爬」入。

　　那處岩洞與溪床之間有1米多的落差，雖然不高，但是岩壁上濕滑著，而且沒有著力點，因此讓我搞得全身苔泥才順利地爬上洞口。岩洞並不大，直徑約一米，因此一般成人根本無法直立進入，所以不難想像，早年開挖該洞的工人們，勢必要彎著腰或蹲著身，才能在如此狹窄的洞中工作；岩洞頗深，裏頭仍有水流細細地流出，而地面則積著如泥一般的紅色物質，使得那處岩洞呈現出瑰麗而且怪異的樣貌來，因此蹲在洞口觀望，不禁讓我心生諸多疑問？當年，工人們為何不將岩洞挖大一點？而那些紅色的物質真的與黃金有關嗎？

　　其實在岩洞附近的溪谷裏，還有多處的岩壁上也有相同的紅色物質，看來當地確實蘊藏著某種礦物，然而是不是黃金我就不清楚了，因為查閱相關的資料，在南投地區確實曾經有過一些關於金礦的開採記錄，分別是「白洋金礦」在信義鄉的丹大溪、秀姑巒山、大水窟山以及濁水溪上游的奇萊主山一帶開採。「拱南金礦」則在秀姑巒山有三處礦區。「中央金礦」在秀姑巒山西方、舊警駐所及及大水窟山有開採。「永吉金礦」在仁愛鄉卓社大山開採。而「永裕金屬礦場」則在南投縣國姓鄉的竹坑也有開採的記錄。

金仔坑溪的景色雖然平凡但卻自然動人。

　　但是我並沒有找到與金仔坑相關的文字記載，於是透過實地的訪查與詢問，便成為解開我心中諸多疑問的方法之一。根據當地的居民表示，金仔坑就是因為出產黃金而得名，許多老一輩的村民都曾經聽過長輩們描述金仔坑熱鬧一時的景況，但是當年參與開採的工人們都已凋零，相關的採礦建築或是工具也都消失，唯一留下的就是那處會流出紅色物質的金礦洞，於是意外地成為金仔坑過往歷史的見證。

　　其實，金仔坑就算沒有金礦洞、沒有採金的過往，光是當地的溪谷就足於讓人著迷，因為在寒冬時分，金仔坑溪仍然水流潺潺、清澈見底，沿途還有多處相當有看頭的山林岩壁，因此儘管當地沒有《桃花源記》中所描述的美景，但是緣溪而行，長福村的金仔坑其實處處迷人。

　　註：內容文字稍有更正調整，但並不失其原意。

即便是枯水期，東福橋下仍有水瀑潺流。

伯公，峽谷，東福橋

安全等級：應小心
注意事項：進入峽谷要小心一旁住家的小狗

　　位於長福村第9鄰的金仔坑，早年因為出產金礦而得名，從當地匯流而出的金仔坑溪，經過一路的彎轉與潺流之後，穿過省道台21線的東福橋，接著因為地勢的突然陡落，在橋下形成一道飛瀑，然而人工的水泥橋實在不怎麼好看，加上

當地充斥著一些人爲的設施，因此儘管東福橋下的水瀑長得有模有樣，但是景色並不迷人，所以從橋上通過的人車總是顯得匆忙。

在東福橋旁有一間伯公祠（客家人稱土地公爲伯公），那是一間十分特別的土地公廟，因爲廟內的伯公神像是年輕的造型，與我們印象中和藹親切、白髮豐滿的土地公有很大的出入。根據當地居民表示，該伯公祠目前的外觀是民國 84 年所建造完成。當時，伯公於新廟即將落成之前曾大顯靈威，將容貌展現給當地一對陳姓夫婦觀視，後來透過陳姓民眾的描述，才由雕刻師傅完成如今的容貌；由於該伯公的神像是年輕的造型，因此在安座入火之後曾引起村民的議論紛紛，大家似乎不太能夠接受伯公是一位年輕人，於是爲了消除村民們的疑慮，相關人士遂到附近的大廟－玉善堂請示恩主，後來經由神明的起乩指示，原來該伯公生前是大旗村人，姓余名大德，由於爲人正直、急公好義、樂善好施，因此在三十七歲英年早逝之後，經由玉帝派往長福村擔任伯公一職。

年輕造型的土地公與土地婆。

玉善堂恩主的指示後來也得到了證實，在國姓鄉大旗村果然有一位叫余大德的先民，因此才讓心有疑慮的村民完全釋懷。接下來，當地有一位湯姓的民眾由於身體欠安，加上孩子的事業不太順利，於是便向該伯公虔誠祈求，不久之後，他的身體果然開始好轉，而且孩子的事業也大有起色，

小峽谷的兩側盡是黑色風化的岩塊。

於是爲了要感謝伯公的靈驗保佑，湯姓民眾便打算要幫伯公娶個老婆，經過擲筊請示，結果竟然是三個聖杯，消息傳開之後，當地村民遂熱心地準備要幫伯公娶親。由於該伯公是年輕的造型，因此伯婆（土地婆）也必須特別訂做才行，於是村民們便請雕刻師傅雕了一尊年輕、賢慧而且是粉紅顏面的伯婆來給伯公作伴，於是使得東福橋旁的伯公祠成爲一間十分罕見而且有趣的土地公廟。

因爲那間伯公祠實在太有特色了，所以我曾經多次造訪，或爲拍照、或爲調查，於是就在造訪土地公廟的同時，我發現了東福橋下的水瀑，而且在水瀑下方還有一處小峽谷，但是兩旁有林樹遮蔽，加上谷內始終陰暗著，所以站在橋頭根本就看不清楚谷內的狀況，因此我只能在心裏留下一些想像，甚至是嚮往。

金仔坑溪是屬於水長流溪的支流，穿過東福橋及橋下的小峽谷之後便匯入水長流溪中。民國 102 年的冬末，趁著前往金仔坑的機會，我決定要下探東福橋下去探訪那處深谷，但是該處溪谷的落差頗大，而且沒有路

伯公，峽谷，東福橋

峽谷裡的短瀑與深潭，讓人眼睛一亮。

徑可以進入，因此我只好從水長流溪的下游處進入溪床，然後再溯訪而上。冬天枯水期，水長流溪的溪水並不洶湧，而佈滿石頭的溪床上則長滿著紅色的青箱，成為一種十分招搖的風景。

抵達金仔坑溪和水長流溪的交會處，當地的景色普普通通，不過溪岸上卻有住家臨溪而居，而且還養著幾隻狗，因此我的靠近立即引來群狗的狂吠，把原本應該寧靜的溪谷搞得十分不平靜，幸好狗兒只是虛張聲勢，並沒有衝進溪床來，否則我恐怕就得落荒而逃了。轉進金仔坑溪，遠遠地便看見溪谷的盡頭有一面灰黑色的岩壁，而溪水就從岩壁下方流淌而出，與溪床上卵石累累的景色有很大的不同。

走到溪谷的盡頭我才訝然發現，當地的岩壁龜裂風化得十分嚴重，手一碰觸便會有碎岩剝落下來，而且峽谷雖然不大，但是兩邊的岩壁竟然呈現 90 度的轉彎，於是形成一處幽暗的小峽谷，峽谷內有短瀑激流、有水潭清澈，還有令人料想不到的隱密空間。於是一時之間，過去我只能站在東福橋上去想像與嚮往的那處峽谷，如今卻以一種奇美的面貌呈現在我眼前，那是一種大大的滿足，也是一種歡然的驚喜吧。

我在峽谷裏逗留許久，要不是天氣寒涼，面對峽谷裏的那潭水澈，我還真想跳進水中去戲泳一番，何況當地隱密非常，根本就不必擔心會有訪客突然闖入干擾，然而就在我四處張望同時，卻在峽谷上方的崖邊發現一具抽水馬達，一根長長的水管毫不客氣地伸進谷裏，不清楚那是用來灌溉？還是當作生活用水的來源？不過可以確定的是，附近的民眾對於那處峽谷應該一點也

伯公，峽谷，東福橋

不陌生。因此在附近臨溪而居的住家讓人十分羨慕，因為那處峽谷與溪流無疑是他們家的後花園，只要願意，隨時都可以享用來自峽谷的清幽與迷人。

位於省道台 21 線的柬福橋，橋下因為地勢的陡落而形成一道飛瀑，而且在水瀑的下方還有一處迷人的小峽谷，然而從橋上經過的人車總是顯得匆匆忙忙，究其因，應該是大家很難想像，在那處充斥著人工設施的水泥橋下竟然會有如此奇美的小峽谷，就如同一旁奉祀年輕伯公的土地公廟一樣，乍然發現！總是給人大大的意外和驚喜。

從小峽谷裏往外張望，金仔坑溪的下游景色普普通通。

長興林道上的上善瀑布，在雨季時十分壯觀。

長興林道上的
上善瀑布

安全等級：**安全**
注意事項：**雨季才有水瀑**

　　國姓鄉多丘陵，山勢普遍都不高，因此有模有樣的瀑布其實並不多，大多是一些時雨瀑或是無名的短瀑，因此知道在長福村的長興林道中有一座瀑布，而且名為「上善」，我便一直期待能夠前往一探究竟。因此，在 2013 年的初春，我就已經迫不及待地造訪過當地，但是當時，峽谷裏的崖壁上

並沒有沖洩而下的激烈水流，只有暗綠的苔蘚與涓涓細流，有氣無力的模樣真是讓人失望。

4月，台灣持續地下了一陣子的春雨，我心裏想，上善瀑布應該不一樣了吧，於是在5月初，一個天氣陰霾的午後，我又再次前往國姓。循著台21線公路往天冷的方向前進，在重建中的長福橋頭右轉，然後依著山邊的道路進入下坪聚落。聚落中，於民國68年所建造的下坪橋下，嘩然作響的水澗顯得興高采烈，彷彿是為了迎接我的到訪一樣。

過了下坪橋右轉便是長興林道，山徑是一路的陡升，因此連帶的也使得一旁的溪谷落差不斷，於是溪谷裏不是岩塊堆疊就是短瀑處處，呈現出一種莽莽的山林野趣。大約700公尺的距離，上善瀑布就在山路右邊的凹谷中激動著，因為這些日子的豐沛雨水，讓瀑布顯得聲勢浩大，與之前的景象有很大的不同，於是令人心生

長興林道旁的溪澗顯得原始自然

上善瀑布入口處的藍色指標。

歡喜。

　　上善瀑布又稱為長興瀑布，路旁有一面黃色的標示牌，雖然站在山路上就可以望見瀑布的身影，距離短得很，但是仍有一條小徑可以進入，然而卻因為長滿著比人還高的雜草，只剩下隱約可辨的路痕，所以我只好選擇直接進入溪谷，然後溯水而上。溪谷裏幽暗著，水流就在錯亂堆砌的岩縫間奔竄，長期受到濕氣的侵襲，谷裏的石頭表面大多佈滿著濕滑的苔蘚，因此我不敢大步跨跳，只敢小心翼翼地攀爬而上。

　　造訪上善瀑布其實是輕鬆的，因為從山路到瀑布底下相距才不過 30 公尺，而且谷裏疊砌的巨石形成有如階梯一般的樣貌，讓人可以輕易地踩踏而上，因此沒有汗流浹背，也沒有氣喘噓噓，我便已經佇立在瀑布下方抬頭仰望了。瀑布高約 15 公尺，4 月的水流還算豐沛，因此濺散而下的水珠讓人沐得一身濕涼，可惜的是，瀑

在上善瀑布附近的山谷裏，隨處可見這樣的短瀑。

瀑布下方的凹谷裏，有巨石斷裂的痕跡。

布下方並沒有一潭水澈，要不然在夏天時就更加誘人
了。

在瀑布底下四處張望我才發現，當地其實是一處壺
狀的峽谷，兩邊的岩壁還頗有看頭，然而可能是當地的
地質不太穩定吧，因此持續崩落的岩塊遂將凹谷堆疊成
錯亂的畫面，與一旁的溪谷一樣，呈現出一種桀驁不馴
的景象來。由下仰望，我可以看見瀑布的頂端還有兩道
曲流，不是直洩到底的那種，因此讓我充滿許多的想
像，想像在瀑布的上方還別有洞天，但是兩旁的崖壁垂
直險峻著，根本無法讓人攀爬而上，因此面對上善瀑
布，我的心情除了歡喜之外還有許多的好奇和想像。

在老子《道德經》第八章的若水篇中寫著：「上善
若水，水善萬物而不爭，處眾人之所惡，故幾於道。」
這句話的意思是說，最高的善行就像水一樣，水善於幫

助萬物但卻不與萬物相爭，而且停留在眾人最不喜歡的低下之地，所以最接近「道」。不知道上善瀑布的名稱是誰命名的，但是應該與道德經的「上善若水」有關吧，詢問當地的村長及民眾都沒有人知道。不過有村民告訴我，當地經常有宗教團體會前來瀑布底下取水，另外，在林道兩旁還有幾處佛教的道場，「上善瀑布」應該就是那些宗教團體或是道場的僧尼所命名的吧。

順著陡峭蜿蜒的長興林道而上，最終還可以抵達海拔約 900 公尺的河洛嶺仔，早年因為當地有一群河洛籍的墾戶在山林間開墾而得名，目前則有兩間名為「星星的故鄉」及「沉香谷」的休閒農場，在當地提供露營及住宿的服務，是觀星、賞景以及放鬆心情的好地方，附近還有阿冷山林道，由於生態豐富、視野極佳，所以經常有許多山友會前往登山健行。

隨著季節的遞換，山林野外也會跟著換上新裝，就如同長興林道上的上善瀑布一樣，從枯水期的瘦弱到雨水期的豐沛，那種情形像極了人世間的起起落落與容枯得失，因此當我從上善瀑布離開時，我忽然覺得，上善瀑布不單單只是一座瀑布而已，它其實正有意無意地告訴我們一些道理，一些屬於「上善若水」的道理。

上善瀑布的全貌。

長興林道上的上善瀑布

水長流溪上游的美麗一景。

春水溫柔

安全等級：**安全**
注意事項：**大雨過後涉溪要小心**

　　位於國姓鄉北端的長福村，與台中市的和平區、新社區相鄰，屬於和平區的牛坪坑溪和包安溪在匯流之後，就在長雙一號橋附近進入國姓鄉，加上當地還有二櫃溪的加入，因而成為水長流溪的上游，即便是冬末春初的枯水期，當地仍然水流不歇，在山林間流洩著迷人的漾漾水色。

　　102年2月初，有事前往苗栗卓蘭訪友，當時我選擇路經國姓的台21線前往；在途中，隔著車窗我望見水長

流溪在冬陽下閃閃爍亮著，其中一處攔沙壩下方的淺潭裏竟然長著綠色的水苔，形成一幅極爲迷人的風景，於是讓我在心底留下無限的嚮往。因此在二月中旬，我便迫不及待地前往當地探訪。

在水長流溪旁有一處露營區，名爲「黃金森林」，因爲在佔地約二公頃的園區中種植著相當多的黃金楓，在秋冬時分楓葉會轉爲金黃，因而形成一大片美麗的景象，所以業主遂以「黃金森林」爲名。在網路中我查到若干與「黃金森林」相關的資料，得知在當地露營的遊客們通常都會進入一旁的水長流溪戲水，那處清澈的溪流無疑成爲該處露營區得天獨厚的天然資源。因此從「黃金森林」進入溪谷顯然是一種理想的選擇。

然而我並不是要露營的遊客，我只是一個想去一旁尋溪探水的路人，因此冒然進入黃金森林其實是有點失禮的，所以我特地停下車來，想跟「黃金森林」的主人打聲招呼，沒想到對方竟然認識我，原來他是暨南大學第一屆的研究生，也是業主的弟弟，目前在台中工作，假日才回來幫忙。人與

露營區的客人在溪床裏戲水。

人之間的緣份還真是奇妙，在如此荒僻的國姓山區竟然還能遇見相識的人，著實令人驚喜，因此在對方熱心的指引下，我順利地進入水長流溪中。

　　一大早，斜射的陽光還沒完全抵達溪谷，但是陰涼的溪床上早已經有若干遊客在那裡戲水，顯得迫不及待。我從他們身旁經過，然後循著溫溫柔柔的水流溯訪而上。當地的景色超乎我的想像，溪床上灰黑色的大塊岩盤樣貌多變，而且表面風化嚴重，景色有幾分類似早年乾溝村的小野柳。而且因為風化，所以當地的岩塊不再鋒芒猙獰，而是碎成一灘灘的石屑與粉泥，呈現出一種與現實妥協的無奈表情，然而儘管如此，那些岩盤

溪水中有一個酷似海龜的岩床

從高處眺望水長流溪的迷人溪床。

仍然呈現出石頭應有的頑強個性，於是被水流雕成桀驁不馴的各種形態，畫面相當奇美。

除了岩盤，當地的水流也十分迷人，二月時分，水長流溪清澈見底，於是一路前進，隨時可見水裡有魚群游竄的畫面，而且水流並不洶湧，儘管途中有幾個地方因為地勢的落差或是岩石的逼近，而讓溪水一時之間激動了起來，但是很快地就恢復平靜，彷彿稍不小心，譁然的水聲便會破了氣氛、壞了寧靜，於是二月的水長流溪顯得份外溫柔與安靜。

途中，左側有一條水澗匯入，那是二櫃溪，交會處的上方是一座高聳的鋼筋水泥橋，從橋下往上游處張望，我看見不遠的山腳下有一間老屋臨溪而立，附近並沒有任何的住家，顯得與世無爭，因此讓人十分嚮往，但是我並沒有深入去探訪，因為二櫃溪的水流細緩無力，而且溪谷中並沒有巨大的岩塊或是老樹，儘管一些石頭表面及水窪裏長滿著許多青苔，其間還有許多黑眶蟾蜍黑色的蝌蚪蠕動著，但是景色普通，我實在看不出上游處會有太大的驚喜，因此仍然選擇水長流溪繼續溯訪。

離開二櫃溪之後，溪床原本大面積的岩盤不見了，取而代之的是累累的石頭與雜草，那是一般溪流很常見的風景，與先前走過的水長流溪的景致有著明顯的不同，

上游處，溪水如鏡一般地映著兩旁的石頭、野草及山林。

而這時，長雙一號橋就在前方矗立著。從橋下經過時，我知道自己正慢慢地離開國姓，然後進入台中市的範疇，雖然當地並沒有轄碑或是界線，但是我的心情卻有著明顯的轉換，那是一種因為時空不同所產生的微妙情愫吧。

通過長雙一號橋之後，不遠處有一座攔沙壩，壩堤下方是一潭水澈，水面上有泛著陽光的亮采，而水面下則是隨波晃漾的綠苔與悠游的魚群，又是一處令人驚喜的風景，但是我並沒有逗留，因為我知道，爬上壩頂之後就已經快到包安溪與牛坪坑溪的匯流處，因為那是我當時溯訪水長流溪的終點。於是我繼續在佈滿石頭的溪床上或跳躍或踩踏而過，一路愉悅地上訪。

在包安溪與牛坪坑溪的匯流處，一路輕快譁然的水流到了那裏竟然倏然安靜下來，並且平緩成鏡面一般，於是倒映著岸邊的石頭、雜草，也倒映著晴朗的藍天、白雲，因而呈現出一種令人屏息的沉靜之美。佇立在那處溪床上，其實我的心頭有許多的回憶紛紛地湧現，因為在好幾年前，我曾經跟友人在當地溯溪訪瀑；往右，包安溪的上游有一處人跡罕至的內仙洞瀑布，而往左，牛坪坑的外仙洞更是美得讓人讚嘆，儘管那已經是多年前的記憶，但是如今回想起來，外仙洞的壺狀峽谷及短瀑仍然歷歷在目呢。

102 年的 2 月，儘管是冬末春初的枯水期，但是與台中相鄰的國姓長福村的水長流溪仍然潺潺不歇，依然在山林間流洩著迷人的漾漾水色，而且還意外地流淌出一路的溫柔山水與美好回憶。

激烈的溪水在岩床上奔流。

驚豔水流東

安全等級：應小心
注意事項：大雨過後應避免前往

記得有人說過：「越是美麗的地方越危險」，這句話用來形容水流東溪是十分貼切的。2013年1月接下國姓鄉駐鄉作家的職務之後，我便常常利用假日在鄉內的各條溪流裏溯訪，如今一年的任期即將屆滿，現在如果有人問我，那一條溪流最美？或是令我印象最深刻？我的答案肯定是水流東溪。

夏天的時候，爲了尋找長豐村碗糕寮的時雨瀑，我就已經造訪過水流東溪了，而接下來，爲了要探訪水流東溪的源頭以及源頭附近的天外天，我又多次路過當地，然而儘管如此，對於水流東溪的壯麗溪景我仍然充滿好奇與嚮往，因爲除了親臨上游的溪谷之外，對於中下游的溪床，我之前只是從山路上遠遠地眺望，那是不夠的，就如同面對美食只能聞香而不能品嚐一樣，讓我有些遺憾、有些渴望。

因此雨季一過，在10月秋涼的假日，我一大早就抵達長豐村，然後沿著溪邊的產業道路一路深入。路過柴埕時，路旁有兩株茄苳樹，其中一株長得挺拔壯碩，成爲當地顯著的地標；聽說在很早以前，有

水流東澤誅中有一株壯碩的茄苳樹。

在水流東溪的溪中，處處可見巨石壯碩的身影。

一位村民晚上路過當地，發現有人躺坐在茄苳樹下，他以為對方喝醉酒，於是上前關心，不料！竟發現那是一頭黑熊，嚇得他落慌而逃。

秋天的上午，茄苳樹下沒有黑熊的身影，只有一條山溝從山路下方的涵管淙淙地穿過，然後往深邃的溪谷裏流洩，於是激起了嘩然的水聲，當地應該有水瀑的美景吧，但是佇立在山路上往下鳥瞰，只看見亂石橫陳、草木雜生與水光瀲灩，加上山壁垂直陡峭，地勢險峻得讓人只能遠觀，根本就沒辦法直接下探谷底，因此，我只好繼續前進，然後在山路上尋找可以進入溪谷的其他可能。

沒有很遠的距離，發現左邊有一條叉路，但是已經被雜草與灌木給盤據著，看來已經荒廢許久，而且路口還繫著一條鐵鍊，顯然是不歡迎人們進入。進入叉路，在盡頭處有被大水沖刷過的痕跡，於是形成斷崖般的地形，不過有人在崖壁上以輪胎鋪設成一條梯道，儘管也被水流給沖垮，但是還是可以讓人順勢下探溪床。進入

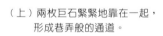

（上）兩枚巨石緊緊地靠在一起，
　　　形成巷弄般的通道。

（左）在水流東溪兩岸，有許多
　　　形態多變的美麗岩壁。

巨石、短瀑與深潭，是水流東溪很平常的風景。

　　溪谷之後再穿過一片芒草叢，這時陽光已經斜斜地射進谷底，而呈現在我眼前的竟然是一大片黑色的岩床，而且已經風化成沙泥狀，於是踩踏而過，腳底盡是鬆鬆軟軟的奇妙觸感。眼前的水流東溪不見洶湧，只見嚴重風化的溪床上巨石處處，於是輕易地鋪陳出一種原始蠻荒的況味來。

　　在溪谷裏，我踏著鬆軟的岩床，也涉過清淺的水流，甚至還得在岩堆間攀爬或跳躍，然後才能順利地往下游的方向前進，其過程其實並不輕鬆，因此我的氣喘噓噓與汗流浹背如果是對當地山水的一種尊敬，那麼水流東溪回報我的，則是絕美的自然風景。

　　途中，在右側有一條山澗匯入，水流最終是從一

大片壯碩的岩塊上漫流而下，畫面顯得既粗獷又溫柔，如果在大雨過後，當地應該會有天雨散花般的動人水瀑吧。經過那處山澗，溪谷裏的景色有了明顯的改變，因為兩邊的岩壁靠得很近，逼得溪水必須急急奔流，甚至還因為水流長期的沖刷與切割吧，讓當地的岩塊呈現出多樣的形態來，或圓潤光滑，或稜角分明，或色澤豐富，加上溪谷中巨石滿佈、岩壁壯觀與水潭處處，頗有中橫太魯閣的樣貌，真是壯麗得讓人驚豔，但是很可惜，這樣的美景從上方的山路上是看不見的，人們必須進入谷底，才能完全領略屬於水流東溪真正的美。

溪谷中轟立著一枚比一枚還巨大的石塊。

繼續往下游，地勢是越加險峻，因為兩邊的岩壁不但光滑而且陡峭，讓人根本無法攀爬，因此跳進水中渡潭而過，遂成了唯一的選擇；幸好！秋天的水流東溪還算溫柔，如果是在雨季恐怕就無法深入，然而儘管如此，矗立在溪床中一枚一枚碩大的石塊，還是清楚地透露出一種危險的訊息，因為那些石塊顯然都是從兩邊的崖壁上崩落下來，所以在水流東溪的溪谷中，面對當地壯麗奇美的山水景致，我的心情其實是很難放鬆的，因為戒慎小心才能確保溯訪平安。

　　通過那處宛如峽谷般的溪谷之後，那處從茄苳樹旁流下的水澗就在不遠的地方喧嘩著，但是當我抵達那處凹谷，而且費盡氣力地爬上岩壁，才發現當地的短瀑與淺潭顯得有些普通，並沒有給我太大的驚喜，或許是因為我剛剛才歷經水流東溪的壯麗與奇美，一般的山水景致已經很難再讓我感動，那種感覺就好比已經酒足飯飽，再去面對一桌的美食佳餚，也覺得索然無味。

　　因此我沒有逗留很久便退出那處谷澗，然後重新回到水流東溪的溪谷裏；回首望著剛剛我才通過的那處溪谷與岩壁，儘管一路的攀岩與溯溪會讓人身心俱疲，但是能夠如願地探訪那樣令人驚豔的自然美景，所謂的辛苦顯然都已經無關緊要了。

水流東溪隨處可見壯麗的山水景致。

觀音，水流東

安全等級：應小心
注意事項：大雨過後應避免前往

　　在現實的生活中難免會有一些意外或是巧合，不見得都是壞事，而且事後回想起來，那彷彿是一種冥冥之中早就安排好的際遇，與陰錯陽差或是誤打誤撞根本沒有關係。

曾經聽國姓的朋友提及，在長豐村的三隻寮有時雨瀑（註），雨季時頗為豐沛，值得一訪。在國姓電信局服務的阿芳，因為維修電話的機會讓他的足跡遍及鄉內各個角落，因此對於國姓鄉知之甚詳，所以要去三隻寮訪瀑之前我先去找他，希望他畫個地圖給我，讓我可以免去一些問路、找路甚至是迷路的麻煩。

但是不知道為什麼？在阿芳家我竟然這樣問：「我要去碗糕寮找時雨瀑，麻煩您畫個地圖給我，或是告訴我大約的位置。」碗糕寮與三隻寮都在長豐村，但是一南一北，根本不在同一路線，然而我的錯問，竟然沒有考倒阿芳，他想了一下，決定陪我前往，而且跟我們一起去探險的還包括他的兒子及媳婦。

從台 21 線轉進長豐村，過了老庄聚落之後，阿芳告訴我前面就是碗糕寮，一時之間我才訝然清醒，原來是我搞錯了，因為我對碗糕寮並不陌生啊，之前還差點在當地買一塊地呢。其實我要問的時雨瀑是在三隻寮，不過阿芳顯然並沒有要回頭的意思，於是車子繼續往深山前進。

過了碗糕寮，隔著車窗，我們看見水流東溪在左側的溪谷裏潺流著，壯麗的景象不斷地吸引我們停下車來觀看，阿芳告訴我們，很早以前，他常常會帶著孩子到當地去戲水抓蝦，而且還頻頻詢問一旁的兒子記不記得，看來對阿芳來說，那是一條充滿回憶的溪流，因此在他的記憶中，碗糕寮附近確實有時雨瀑，只是太久沒有造訪了，讓他不太確定位置罷了。

車子繼續前行，我們在路旁發現了一尊高大的觀音像，那是一處佛教道場，山路與溪流都在當地九十度

大轉彎。我們在道場門口較寬敞的路旁停下車來，因為在阿芳的記憶中，時雨瀑就在附近，所以我們決定下去找找、看看。道場裏空無一人，門口掛著一面牌子，上頭寫著「佛堂聖地，入內禁止釣魚烤肉」，我們為了尋瀑的目的顯然不在禁止的範圍，因此大家遂大大方方地不請自入。

水流東溪從國姓鄉的西北角一路往南，然後就在那尊觀音像旁急轉彎，接著才往東繼續奔流，因此在轉彎處地勢顯得更為險峻，佇立在道場戶外庭園的邊緣，下方便是深邃的溪谷，谷底巨石處處，加上兩邊的岩壁靠得很近，因此逼得溪水急急奔流，而且還大聲咆哮著，讓當地的景色顯得粗獷而且豪邁。

道場的對岸是一面垂直的岩壁，阿芳告訴我時雨瀑就在那裏，看來這陣子的雨水還不夠大，因此完全沒有看見任何水流的痕跡，不過崖壁下方壯麗的溪谷景色，倒是讓我們覺

禁止釣魚烤肉的佛堂聖地。

在佛堂旁的庭園裏立著一尊莊嚴高大的觀音聖像。

得不虛此行。在佛堂的後方，還矗立著三枚巨石，看來是很久以前從山上掉落下來的，在崖邊形成一種奇特的排列，因此吸引我們過去瞧瞧，於是就在察探那三枚巨石的同時，我們意外地發現，在巨石旁有一道鐵梯可以讓我輕易地進入溪谷。

溪谷裏，往下游，因為地勢的落差以及激流、深潭的阻礙，讓我們無法前進，被迫只能往上游探訪。當地剛好是水流東溪的轉彎處，加上溪谷裏滿佈巨石，因此溪水只能在岩縫間不斷地迴流或奔竄，於是長期下來，遂將岩床雕琢成形態互異的面貌，極具自然之美。溪谷裏因為潮濕著，不但讓出入的鐵梯生鏽，也讓岩石表面濕滑不堪，因此我們踩踏而過時必須謹慎小心，甚至還得手腳並用如狗爬狀，才能順利地攀爬而過。

不遠處，左側有一條溪澗匯入，在兩溪交會的地方堆聚著幾枚特別碩大的岩塊，彷彿是故意要阻擋水流的前進，於是在我們眼前鋪陳出一幅壯觀如牆的景象，其間甚至還因為地勢的落差，形成一道迷人的短瀑，將屬於溪流的壯闊與柔美表現得淋漓盡致，令人驚喜歡然。其實那幾枚巨石是從山壁上掉落下來的，崩裂的痕跡還清楚可見，顯然當地的地質並不穩定，給人一種充滿危險的負面印

在佛堂後方，矗立著幾枚巨石。

象，因此我們並沒有逗留很久，走到巨岩下方，也拍到岩間的短瀑，我們便心滿意足地離開。

　　由於崖壁的靠攏，由於溪流的轉彎，讓那處道場旁的水流東溪變得桀驁不馴，於是日夜不停激烈沖刷的水流，恐怕就是造成當地地質不穩的主因吧！不過卻也因為如此，讓那尊觀音像旁的山水顯得份外壯麗，因此儘管沒有找到阿芳記憶中的時雨瀑，但是我們的收穫其實比預期還多很多。

從岩壁上崩落的巨大岩塊，在溪床中成為一種阻礙。

我們必須手腳並用，才能爬上濕滑的石頭。

　　在現實的生活中難免會有一些意外或是巧合，不見得都是壞事，前往碗糕寮尋訪時雨瀑，便是屬於這樣的際遇，彷彿在冥冥之中早就安排好一樣。

　　註：所謂時雨瀑，是指大雨過後在山間所形成的暫時性水瀑，等大雨一停、等水源不足，瀑布便會消失。儘管不是終年奔流，但是有些時雨瀑在雨季時仍然有模有樣，甚至壯麗非常。

陽光穿透林隙，落在東坑瀑布下方的淺潭。

三隻寮，東坑瀑布

安全等級：應小心
注意事項：大雨過後應避免前往

　　九二一集集大地震後，於民國 89 年，我應邀到南投縣社區大學國姓分校開設「國姓采風」的課程，帶領當地的學員重新認識自己的家鄉，在課程中，我特別安排一項家庭作業，要大家回去調查住家附近的土地公廟；當時，

我也曾經多次跟著學員們在鄉內進行土地公廟的訪查，於是就在這樣的情況下，我第一次造訪了長豐村的三隻寮。

根據文獻資料的記載，三隻寮這個奇怪有趣的地名，是因為當地昔日有三間製糖的寮屋而來，但是當年製糖的工資沒有樟腦來得好，所以居民後來大多轉業從事焗腦的工作，因此三隻寮的糖廍如今早已不存在，只留下一個與製糖相關的地名。

之後，陸陸續續聽國姓的朋友提及，在長豐村的三隻寮有一處時雨瀑，但是卻一直沒有機會可以前去探訪，直到民國 102 年擔任國姓鄉駐鄉作家之後，我才決定要找個時間去一探究竟。6 月初夏，在持續的大雨之後，我心裏想，三隻寮的時雨瀑應該頗有聲勢才對，於是在一個假日的上午，我先去國姓街上拜訪在電信局服務的阿芳，他對鄉內的各個角落非常熟悉，如果有他的指引，尋瀑一定可以更加順利，但是在詢問的過程中我卻一時恍神問錯地點，於是後來陰錯陽差地前往碗糕寮，然而不管是三隻寮還是碗糕寮？都在長豐村的範圍，因此當天從碗糕寮離開之後，我下午隨即轉往三隻寮。

當天下午阿芳有事要忙，所以無法陪我前去三隻寮，不過他告訴我一個實用的方法，那就是順著電桿一路深入就可以，因為那處時雨瀑就在長豐枝 103 號的電桿旁，並不難找，他甚至還畫了一張地圖給我，真是一位設想周到而且有情有義的朋友啊。

因此，依照阿芳給我的指示，我充滿期待地前往三隻寮尋瀑。當天下午晴空萬里，完全沒有會發生午後雷

三隻寮，東坑瀑布

前往東坑瀑布途中的溪邊

雨的跡象，因此讓我可以安心地一路深入；抵達三隻寮時，景色有些熟悉，當年造訪的福德祠依舊在路旁安靜著，儘管事隔已久，但是當地的景色似乎沒有太大的改變，仍然純樸、仍然無爭。

循著山路前進，路旁有山澗潺潺而流，一會兒在右側，一會兒在左邊，而且在陽光下還泛著迷人的亮采，因此吸引我在途中停下車來，然後在無人的谷澗裏好奇地四處張望以及探訪。凹谷裏水流清清淺淺，不過卻滿佈著大小不一的岩塊，顯示出當地的地質並不穩定，因此給人一種莽莽荒山的原始況味，彷彿在岩縫間正躲著一些精怪，彷彿在深谷彎轉處隨時會有猛獸竄出，因此在那樣的谷澗裏溯訪，我的心情顯得有些興奮、有些期待。

在三隻寮的溪澗旁，長著許多棕櫚科的山棕，那是一種很鄉土的植物，枝葉儘管猙獰，但是花香卻濃郁，可惜花期才剛過，要不然路過當地，鼻息之間應該會有花香漂浮才對，然而儘管如此，沒有花香的三隻寮還是有輕唱的水澗、寧靜的山村、自然的山林，其魅力絲毫不減啊。

繼續深入，過了三隻寮之後山路分岔，分別前往東坑及中坑，依照阿芳告訴我的方法，我右轉往東坑的方向前進，而且沒有很遠的距離，就在長豐枝 103 號的電桿旁找到了瀑布；當地的山路剛好轉彎，瀑布就從彎凹處的崖壁上沖洩而下，顯得既隱密又陰涼。

那處位於東坑的時雨瀑水量頗豐，比我想像中還來得壯觀，因此讓我有些意外、有些驚喜，而且佇立在瀑布下方張望的同時，我竟然還發現一群猴子在瀑頂的樹

三隻寮，東坑瀑布

（上）三隻寮一帶的山林間長著許多的山棕。

（右）越是接近東坑瀑布，山谷裏越見巨
石滿佈。

林間恣意嬉鬧，我的出現顯然讓它們有些錯愕與不悅，
於是對我怒目相向或是用力搖晃枝幹，因而惹得一些枝
葉及碎石紛紛落下，進而在凹谷裏形成一陣小小的騷
動。

　　猴群的出現顯見當地少有人為的干擾，難怪東坑瀑
布存在已久，但是知道的人似乎不多，因此儘管水瀑附
近的山林間仍有零星的住戶，但是整體的環境是十分安
靜的，甚至還有些荒涼；不過造訪當地，我並沒有歷經
險阻，也沒有跋涉山水，只需要專心開車、只需要循著
電桿一路深入，我就可以輕輕鬆鬆地抵達，容易得讓人
有些意外。

東坑瀑布的全貌，很難想像它是一座時雨瀑。

　　凹谷裏的水瀑轟隆作響，下方還有一潭水澈，儘管當天的雲空亮藍，但是陽光完全被兩旁的樹木阻擋在外，於是在谷裏形成一處陰涼的空間，在炙熱的初夏時分顯得無比誘人，讓人好想縱身入水或是在一旁野餐戲水。瀑布的水流滿過水潭之後，會從山路下方的涵洞穿過，接著在累累的岩縫間急急流竄，彷彿是為了要趕赴某種盟約般，於是輕易地潺流出一路興奮的風景，就如同我當時的心情一樣。

天外天當地優美的茶園景象

夏訪天外天

安全等級：應小心
注意事項：大雨過後應避免前往

　　所謂「人外有人，天外有天」，這句話的用意是勸人要謙虛不可驕縱，因為比我們有本事的人比比皆是，因此第一次在國姓鄉聽見「天外天」這個地名，我便對該地充滿著許多的想像，那會是一個什麼樣的地方？是景色比美麗還要更美麗？或者是路途遙遠到不遠？當然，光靠想像

是無法滿足我對天外天的嚮往，因此在民國 102 年的暑假，我專程前往探訪。

天外天在國姓鄉西北角的長豐村，接近水流東溪的源頭，當地有一條產業道路可以前往台中新社，在國姓鄉文史采風協會所出版的《國姓地名初探》的書中有一段文字：

天外天剛好位於國姓與台中縣交界，是南投縣國姓鄉最遙遠的角落，海拔約 1100 公尺，整年雲霧瀰漫，在日據時代就有好幾戶人家遠從抽藤坑越嶺到那裏去開墾，當時有呂世番和曾禮讓在當地定居，但是並沒有地名，直到有一天，有一位日本警察到當地巡視，走了三、四個鐘頭的路仍未抵達，警察問村民，到新社中和還要多遠？村民回答還要四個小時，警察聽完直說，路途真是遙遠，好像到了天外天一樣，於是後來村民便將當地稱之為天外天。

要前往天外天，途中會經過景色壯麗的水流東溪。

水流東溪途中一景。

　　那是一個陽光耀眼的上午，抵達長豐村之後，我們
循著水流東溪旁的產業道路前進，在山林間，之前的蘇
力颱風所造成的損傷還處處可見，或山壁崩塌，或樹木
橫倒，或土石淤積，然而儘管如此，並沒有影響我們的
出入，因為道路上的障礙早已清除乾淨，使得我們的行
車一路順暢。

　　山路旁的水流東溪依然原始壯麗，由於溪谷裏巨石處處，逼得水流只好四處流竄，於是輕易地便營造出美麗的景象，使得我們不斷地停下車來賞景，那是一種迷人的糾纏吧。抵達一處豎立有巨大觀音像的道場之後，山路右轉往北，這時，在溪的對岸有村民在滿是岩塊的山腳下種植一大片的香蕉，於是在張望中，我們除了看見不一樣的風景，也同時看見農民的勤奮。

　　再往前，經過一座無名的水泥橋，前方的岩壁上有幾個歪歪醜醜的紅字，寫著「天外天無極殿」，我們依照指標右轉，然後繼續沿溪前進，但是沒有很遠的距離，山路便開始往上陡昇，因而離溪流越來越遠。途中，我們發現左側的山林間有一片裸露的岩壁，岩壁上有一條水流傾斜而下，因而形成一道瀑布，但是距離很遠、陽光很亮，因此一點也不醒目。

　　接下來，山路不斷地蜿蜒爬昇，兩旁主要的作物則是挺拔的檳榔，而山林間還零星地分佈著一些寮屋，但是我們經過的時候並沒有發現任何人影，只是在路旁偶而會發現機車或是小貨車，那應該是在當地工作的村民的交通工具吧，於是在沒有路標、沒人可問，又加上

叉路不少的情況下，我們只好憑著感覺繼續前進。不過可以放心的是，當地仍有人車出入，因為途中若干因為颱風豪雨所造成的倒木、泥流及落石，已經有人為清理過的痕跡。

　　隨著山路的不斷攀升，我們離稜線越來越近，經驗告訴我，在山的那頭應該就是台中了；果不期然，當我們的車子爬上最高點，隔著車窗，我們看見左邊是落差頗大的深谷及山巒，而更遠有樓影幢幢的地方應該就是台中市區了。在稜線上順著山勢往下，右前方有一片茶園，一叢叢被修剪過的茶樹就在山坡上翠綠著，而且還鋪陳出一種柔美的線條與風景。在茶園入口的電竿上掛著一面牌子，上頭寫著「天外天無極殿」幾個字，原來天外天已經到了。

在稜線上的山路旁，右邊是茶園，而左邊則是深谷以及綿延的山巒，在臨谷的崖邊還長著許多屬於殼斗科的青剛櫟，多幹叢生的枝幹向上撐開一片生機盎然的美麗，之前我曾經寫過一本尋訪台灣殼斗科樹木的書，因此在偏遠的天外天遇見那些青剛櫟，讓我有一種宛如他鄉遇故知的歡喜。

前往天外天無極殿的路標。

長在天外天稜線上的青剛櫟。

　　茶樹順著山坡往下延伸，而茶園的盡頭有幾戶住家，還有一窪小水潭，儘管時值仲夏，當下陽光也炙亮，但是水潭裏仍然傳出「給─給─給」腹斑蛙的叫聲，在安靜荒僻的山巔，顯得特別激昂與響亮，那是屬於山林特有的一種生命力，就如同那些崖邊的青剛櫟以及當地的住家一樣，無畏環境的艱辛與險阻，始終怡然自得而且與世無爭地存在著。

　　因此，儘管天氣酷熱、儘管路途遙遠，但是在天外天我的心情卻顯得愉悅，因為在如此荒僻的山巔，在四處張望的同時，屬於現實生活中的諸多紛亂似乎都可以暫時放下，那是自然山林給人們的一種撫慰吧，所以從天外天離開時，我的心情不但愉悅，而且還心滿意足呢。

水流東溪的壯闊美景，值得讓人再三造訪

水流東溪探源

安全等級：**應小心**
注意事項：**大雨過後應避免前往**

　　8月的時候，為了一探長豐村天外天的景致，我們循著水流東溪一路深入探訪，但是在經過十八份之後，隨著山路的逐漸爬昇，我們與溪流是越離越遠，因此後來儘管順利地抵達天外天，而且也如願一睹當地僻靜優美的山景，但是未能順便造訪水流東溪的源頭，心中多少是有些

遺憾的，因為我知道，水流東溪的源頭其實就在天外天附近的深谷裏汩汩地滴流著，但是我卻不知道要如何下探。

為此，我事後拜託住在國姓街上的阿芳幫我探聽一下，看看有沒有路可以前往水流東溪的源頭。幾天後，阿芳來電告訴我，當地確實是有路，而且位置就在十三份附近，我再翻開國姓鄉的地圖來對照，穿越長豐村的131線在進入台中之後，果然有一條往南的叉路可以接近水流東溪。

9月初的假日上午，我與阿芳決定連袂前往長豐村，因為我們要去水流東溪尋找源頭，儘管阿芳對於國姓鄉知之甚詳，但是水流東溪的源頭他也沒有去過，因此對於探源一事，他和我一樣，充滿著好奇和期待。

抵達長豐村之後，我們驅車循著131線一路彎轉爬升，途中路過新品農莊，那是一處以生產愛玉聞名的農家，要不是急著趕路，我們真的很想在當地停留歇息，並且品嚐愛玉的美味，但是時間不允許，只好留待下次再訪了。經過新品農莊之後，接著通過一處岩壁曾經大崩塌的路段，然後翻過稜線，前方不遠處就是國姓與台中的交界，在路旁我們發現一間寮屋前有2位老人家在聊天，於是讓我們決定停下車來問路。

檳榔林裏的山溝是水流東溪的源頭之一。

水流東溪探源

水流東溪上游的溪谷景色。

水流激昂處，岩塊上竟然長著迷人的綠苔。

「從十三份要去溪底的路，離這裡還有多遠？」阿芳問。

「在前面沒多遠的地方，左邊有一條叉路。」對方回答。

「車子可以開下去嗎？」阿芳再問。

「可以，但是途中有鐵門，後面的路段要用走的。」對方再答。

得到這樣的指引之後，我們隨即繼續趕路，果然在不遠的地方找到一條往左的叉路，途中也看到了一道鐵門，跟那兩位老人家的描述顯然是吻合的，但是越往下走我們越覺不對，因為當地是一片檳榔林，山路不但狹窄彎曲，而且有些地方的路基早已經被掏空，導致車

輛無法繼續前進，甚至很難回轉，路況可謂十分驚險。我們顯然是走錯路了，要不是阿芳的車子是四輪驅動，我們恐怕會被困在當地而進退不得。

不過，在那片陡峭的山坡上有多條涓涓細流的山溝，而下方看不見的谷底則有水聲潺潺作響，雖然我們無法從當地下探溪底，不過那片檳榔林看來應該就是水流東溪的源頭之一，因此我們的走錯路，其實並不是完全沒有收穫。從檳榔林裏退出來之後，我們循著 131 線繼續前進，途中還再一次停下車來詢問一位路過的村民，確認要前往溪底的叉路果然還在前方。

山路幾經轉折，我們終於找到了叉路，而路口的山壁有一大片才崩塌不久的痕跡，不過路面已經清理乾淨，因此並不妨礙我們的通行，但是再往前，沒有很遠的距離，山路上果然有一道上鎖的鐵門，我們被迫必須下車來走路，但是從鐵門處張望溪谷，完全看不到谷底，也聽不見水聲，看來還有一段路要走，這趟行程應該不會太輕鬆吧。

已經接近中午，我們趕緊換上雨鞋、揹起背包，然後在陽光耀眼的山路上趕路，雖然一路往下的山路讓我們走來輕鬆愉快，但是我的心中卻暗暗叫苦，因為回程時，如此陡峭的坡度勢必會讓我們吃足苦頭。

溪谷中有如脊椎龍骨般的岩脈。

在途中，路旁種著兩排已經結果的竹柏及茶樹，而右側的山坡上則種著一大片的枇杷，園中還豎著一些在山區很少見的稻草人，只是不知道它們能否嚇阻嘴饞的山鳥，因此令人好奇以致印象深刻。

讓人有點意外，大約十幾分鐘的路程，我們就已經看見溪谷了，原以為要走上半個小時以上呢。在谷底有2間相連的鐵皮屋，空地上還停著幾部車輛，看來當地是屬於私人的產權，難怪可以在半路設置鐵門，不過我們的造訪顯然並沒有驚擾到對方，因為我們一路下探谷底並沒有聽見狗吠或是人語，也沒有人出面來關心盤問，也許，對方根本就不知道我們的不請私訪吧。

谷底有一座護欄爬滿火龍果的水泥橋，我們就從橋邊進入溪谷，當地屬於水流東溪的源頭上游處，儘管溪流的聲勢不大，但是仍然有模有樣，而且水流清澈迷人，因此吸引我們在溪床上溯行一段距離，途中有激流淺潭、有奇岩怪石、有魚群悠游，還有苔蘚花草，景色或許還不夠壯觀，但是寧靜無爭的樣貌儼然就是一處世外桃源，因此讓我們當下的心情也跟著舒坦起來。

佇立在溪床上，眼前的水流就從上游那片種滿檳榔的山坡涓滴而來，然後一路匯聚流竄，不但帶出沿途的滋潤水色，而且也雕出兩岸的壯麗山景，尤其是越往下游，山水的景色是越見奇美，因此在長豐村水流東溪的源頭順利探訪，讓我對於國姓山水的美好印象是更加清晰完整。

國家圖書館出版品預行編目資料

溯訪國姓 / 潘 樵 著 --初版--
臺北市：博客思出版事業網：2014.2
ISBN：978-986-6589-65-2（平裝）

1.自然地理 2.人文地理 3.南投縣國姓鄉
733.9/119.9/119.3　　　　　　103001088

溯訪國姓

作　　者：潘 樵
美　　編：涵 設
封面設計：涵 設
執行編輯：張加君
出 版 者：博客思出版事業網
發　　行：博客思出版事業網
地　　址：台北市中正區重慶南路1段121號8樓14
電　　話：(02)2331-1675或(02)2331-1691
傳　　真：(02)2382-6225
E—MAIL：books5w@gmail.com
網路書店：http://bookstv.com.tw/
　　　　　http://store.pchome.com.tw/yesbooks/
　　　　　博客來網路書店、博客思網路書店、華文網路書店、三民書局
總 經 銷：成信文化事業股份有限公司
劃撥戶名：蘭臺出版社 帳號：18995335
香港代理：香港聯合零售有限公司
地　　址：香港新界大蒲汀麗路36號中華商務印刷大樓
　　　　　　C&C Building, 36,Ting, Lai, Road, Tai,Po, New,Territories
電　　話：(852)2150-2100　傳真：(852)2356-0735
總 經 銷：廈門外圖集團有限公司
地　　址：廈門市湖裡區悅華路8號4樓
電　　話：86-592-2230177
傳　　真：86-592-5365089
出版日期：2014年2月 初版
定　　價：新臺幣360元整（平裝）
ISBN：978-986-6589-65-2

版權所有・翻印必究